成功家教
直通车

把简单
把平凡

小细节造就
大出息

杨晓丽 编著

煤炭工业出版社
·北 京·

图书在版编目（CIP）数据

小细节造就大出息／杨晓丽编著 . --北京：煤炭
工业出版社，2014（2017.4 重印）

（成功家教直通车）

ISBN 978－7－5020－4481－7

Ⅰ.①小… Ⅱ.①杨… Ⅲ.①家庭教育 Ⅳ.①G78

中国版本图书馆 CIP 数据核字（2014）第 063191 号

煤炭工业出版社 出版

（北京市朝阳区芍药居 35 号 100029）

网址：www. cciph. com. cn

北京一鑫印务有限公司 印刷

新华书店北京发行所 发行

*

开本 720mm×1000mm$^{1}/_{16}$ 印张 $10^{3}/_{4}$

字数 154 千字

2014 年 8 月第 1 版 2017 年 4 月第 2 次印刷

社内编号 7313 定价 21.00 元

前　言

　　古人常说："天下大事，必作于细；天下难事，必作于易。"这句话提醒我们注意生活中的细节，因为细节决定成败。

　　有一位参加长跑比赛的选手，每天都在赶路。有一次，在跑过一片沙滩的时候，他的鞋子里灌满了沙子。为了不耽搁赶路的时间，他将鞋子脱下，匆匆把沙子倒了出来，又赶紧穿上，便急忙向前奔跑，可是还有一粒沙子留在了他的鞋子里。那粒沙子磨着他的脚，使他每跑一步，就痛一下。但他怕耽误时间，没有停下来把沙子倒掉。终于在脚痛得厉害的时候，他赶到了宿营地。但是天太晚了，疲惫的他忘了脱掉鞋子把沙子倒掉，就倒在床上沉沉睡去。第二天，天才微亮，他就匆忙起程了。就这样，在痛苦中疲惫，在痛苦中起程，他始终不曾把沙子倒掉。终于这个经历痛苦旅程的人要到达终点了。可是就在离终点不远处，因脚痛难忍，他不得不停下来，放弃了比赛。当懊恼的他忍住揪心的疼痛把鞋子脱掉时，发现让自己痛苦几天并最终放弃比赛的竟然是一粒不起眼的沙子。

　　很多人觉得自己应该担任重要职位、应该干大事，而不屑于做小事，可是他们却没看到小事做不好最终也成就不了大事。有一位老教授在一所财经大学讲课，课间搞了一个小小的测试。一个班里有 50 个学生，他就要求这 50 个学生每人模拟填写一份增值税发票，结果完全填写正确的只有两人。如果这些学生都是公司职员，公司将要损失多少？在公司，一张发票填错，整张票就会作废，工作时间也就白白浪费掉了，如果没有检查出错误来，那麻烦可就大了。

海尔集团总裁张瑞敏说："把简单的事做好就是不简单，把平凡的事情做好就是不平凡。"做好小事、做好细节是成就大事的基础。

大哲学家苏格拉底有一天给学生上课。他说："咱们今天不讲哲学，我要求大家做一个简单的动作，把手往前摆动 300 下，然后再往后摆动 300 下，看谁能每天坚持。"过了几天，苏格拉底上课的时候，请坚持摆动手臂的同学举手，有 90% 的人举手。过了一个月，他又要求坚持下来的同学举手，只有 70% 的人举手。过了一年，他又同样要求举手，结果只有一个人举手，这个人就是柏拉图。柏拉图后来成为与苏格拉底同样伟大的哲学家。他此时虽然年轻，在学识上还略显稚嫩，但已经具备了一个杰出人物所具备的优秀品质——执着、坚持不懈。那些看似平凡的小事中，往往蕴含着成功的要素。一个伟大的人之所以成功，在于坚持将平淡枯燥的小事做好。

香港兆峰集团有限公司主席李兆峰说他的成功得益于小事。比如进门的一块擦鞋垫歪了，有人跨了过去，有人却去摆正它。去摆正的，就是发现了问题的人。公司的事情也是一样，小问题积累多了，可能会变成大问题。因此无论什么样的成功都是从小事做起的。

日本最年轻的内阁大臣野田圣子在大学毕业后的第一份工作是在东京帝都饭店。可是没想到上司竟然安排她做洗厕工，每天都必须将马桶清洗得光洁如新。心理作用使她几欲作呕。本想立刻辞去这份工作，但她又不甘心自己刚刚走上社会就败下阵来。因为她最开始来时曾经发誓：一定要走好人生的第一步。就在圣子思想十分矛盾的时候，酒店里的一位老员工出现在她面前，二话不说，拿起工具亲手演示了一遍。一遍又一遍地擦洗马桶，直到光洁如新，然后将擦洗干净的马桶装满水，再从马桶里盛起一杯水，连眉头都没皱一下就一饮而尽，整个过程没有半丝犹豫做作。野田圣子从此暗下决心，即使一辈子洗厕所，也要洗出成绩来。此后，野田圣子为了检验自己的自信，为了证实自己的工作质量，也为了强化自己的敬业心，她曾多次喝过自己擦洗过的马桶里的水。1987年，野田圣子当选为歧阜县议会议员，是当时最年轻的县议员。1998年担任第一次小渊惠三内阁的邮政大臣，是日本最年轻的阁员。

上面这些名人之所以在事业上取得成功，得益于他们做好日常生活中的小事。小事是大事的基础，只有在小事中锻炼了能力，才能做好大事。孩子是未来社会的栋梁，把孩子培养成未来社会需要的人才，需要父母在生活细节中下功夫。父母在细节上对孩子的教育，往往能够影响孩子的一生。

目 录

第一章
好父母　好孩子

一、做细心的好父母
二、教育孩子技巧多
三、营造温馨的家庭环境

孩子是极为敏感的，环境尤其是家庭环境对他们的影响很大。著名的教育家陈鹤琴说："家庭教育，对父母来说首先是自我教育。"父母自身的人格修养会潜移默化地影响孩子。孩子对世界的认识是从父母开始的，父母的教育以及言行举止都是孩子学习和模仿的对象。把孩子培养成才不仅需要学校老师传授丰富的知识，还需要父母重视家庭教育中的点点滴滴。

战国时期伟大的儒学大师孟子，小时候十分调皮。孟子家住在墓地附近。孟子和邻居的孩子一起学大人跪拜、哭号，将大人办丧事的样子作为游戏来玩。孟子的母亲看到之后，说："墓地附近不是孩子的安居之所。"孟子的母亲于是带着孟子搬离了墓地。他们在市集旁边安了家。到了市集，孟子又和邻居家的孩子学着商人做生意的样子，一会儿鞠躬欢迎客人，一会儿与客人讨价还价。孟子的母亲看到后，又说："市集也不是孩子的安居之所。"于是将家搬到学校的旁边。每到初一、十五，官员到文庙跪拜、作揖礼让、进退有节。孟子开始变得喜欢读书、守秩序、懂礼貌。孟子的母亲见到孩子的改变，终于满意了，说："学宫旁才是孩子应该住的地方啊。"于是定居在学宫旁边。后来孟子成了一位大学问家。

父母是孩子的第一任导师，家庭是孩子除学校外最重要的生活环境。父母对孩子的家庭教育是否得当，往往影响孩子的一生。

一、做细心的好父母

父母是孩子成长过程中的重要模仿与学习的对象，从父母身上往往能看出孩子未来的模样。毫不夸张地说，父母是孩子最好的老师。培养好孩子，父母首先要学习如何为人父母。

　　孩子今天回到家不说一句话，表情很沮丧，平时活泼爱笑，这几天却出奇地沉默；孩子和小伙伴闹别扭，竟然随手摔坏了心爱的玩具……．

　　如果孩子出现了上述等问题，那么我们可以肯定他内心绝对难过极了。下面让我们把孩子的心理分析给你看：

　　宇宇是某幼儿园大班的学生，学习跳舞和画画，和老师同学的关系处得相当融洽。在家里是父母的开心果，经常跟爸爸妈妈讲幼儿园发生的事情。可是最近回到家总是垂头丧气，不说话。爸爸妈妈看在眼里，急在心里，他问宇宇是不是跟小朋友闹别扭，她什么都不说。爸爸甚至看到宇宇自己躲起来哭了几次。这可怎么好？看到宇宇这个状态，宇宇的父母肯定她是遇到解决不了的问题了。可是宇宇什么都不说，父母不知道到底发生了什么，心里十分着急。

　　这天宇宇的妈妈在小区里遇到宇宇同学石头的妈妈，石头妈妈告诉宇宇妈妈这样一件事：宇宇的幼儿园要举办毕业典礼，宇宇班将组织上台跳舞。班里的孩子都要参加，宇宇和另外两个孩子没被选上。

　　原来是这样啊！宇宇的妈妈终于知道宇宇不开心的原因了。对于一个幼儿园的孩子来说，这件事对她的打击确实很大。全班同学都要上台表演节目，就她和其他两个小朋友不能去，宇宇幼小的心该是多么难过啊！

　　宇宇的妈妈感到非常奇怪，为什么宇宇会落选呢？跟宇宇一起落选的两个孩子，一个根本就不会跳舞，连最基本的动作都不会；另一个由于家里的事情，已经很久没去幼儿园了。他们没被选上的原因很明显。但宇宇没选上，令人费解。宇宇从小就学习舞蹈，舞跳得虽然不是很出众，但在幼儿园里还算不错的。

　　宇宇的妈妈瞒着女儿找到了负责这件事的李老师，李老师说了很多原因，什么班里人太多，舞台小，服装不够用，宇宇的腿踢得不高等原因。宇宇的妈妈对此一一进行了反驳，如果人太多舞台小，不该只裁掉三个孩子；如果服装不够，孩子家长愿意自己掏钱为孩子买演出服；宇宇的舞蹈功底很好，不存在腿踢得不高的情况。但李老师还是不同意让宇宇上台演出。宇宇的妈妈感到很委屈，又找到了幼儿园园长。园长说她根本就不知道舞台小人多这样的情况，同意让宇宇参加表演。为了孩子心理健康考虑，宇宇的妈妈和园长、李老师达成了协议，由李老师向宇宇发出邀请。

第二天宇宇非常开心地回到家，她的幸福与激动溢于言表。爸爸假装不知道这件事，问宇宇什么事这么高兴。宇宇骄傲地说："我要参加幼儿园毕业演出啦，到时候请你们一起去看我跳舞。"同时拿出了李老师给的贴画，炫耀了半天。

爸爸妈妈对视了一眼，李老师拿了张贴画就成功地把宇宇的烦恼一扫而光了。看，孩子是多么容易满足啊！

很多父母都经历过幼儿园的毕业表演，这种表演纯粹是为了博父母和孩子开心的。谁会在乎表演的水平、孩子跳得好不好呢？关键是父母看到孩子们开心，自己就高兴了。而李老师却不知何种原因让宇宇经历了人生中的第一个磨难，把孩子纯真的笑容轻而易举地抹去了。

花花是小学二年级学生，性格温顺，跟小伙伴相处得极为融洽。花花喜欢玩具娃娃，其中有一个扎着蝴蝶结的小狗熊是她最喜欢的。这个小狗熊是爸爸在她五岁生日时送给她的。花花平时宝贝得不得了，甚至不让好朋友碰一下。可是这天妈妈却看到花花把小狗熊狠狠地扔到了地上。花花的妈妈还从其他小朋友那儿得知花花跟最好的朋友佳佳闹翻了，扬言要绝交。这几天花花总是怔怔地出神，晚上睡不安稳，黏着妈妈，一刻都不离开。

妈妈不明白发生了什么，但想着小孩子之间闹别扭很常见，也没在意。可是花花的情况越来越糟糕，学习成绩居然开始下滑了。妈妈很着急，批评了她几句，谁知花花"哇"地哭了，说："爸爸不要我了，妈妈也不想要我了。"妈妈忙问她为什么这么说。花花终于说了心里的担忧。原来佳佳跟花花玩的时候，也喜欢玩具小狗熊，非要摸一摸。花花说那是爸爸送的礼物，怎么也不同意。佳佳就说你爸爸早就不要你了，他都那么久没回来看你了。花花的爸爸因为公司的业务，最近一年来特别忙，几乎没什么时间待在家里。花花相信了佳佳的话，以为爸爸不要自己了，既想爸爸又恨爸爸不要自己，还担心妈妈也会走，只剩下她自己，所以心理负担特别重，就出现了上述种种问题。

了解情况后，妈妈跟她好好地谈了话，向她保证爸爸不会不要她，妈妈也不会不管她走掉，并接通了爸爸的电话，让爸爸亲口向她承诺不会离开她，花花这才破涕为笑。

你们看，孩子的心理极为敏感，家长、老师、朋友的一句话、一个举动就能影响他们的情绪甚至影响他们的一生。孩子的每一个反常举动的背后都有原因，如果不找出其中的原因，对症下药，就会影响孩子的心理健康。所以每一个父母都应该是细心的父母，敏锐地观察到孩子的变化。在用心理解关怀孩子方面，你合格了吗？

✎ 了解孩子的想法

每个父母都不希望孩子与自己格格不入，他们希望孩子什么都跟自己说，掌握孩子的一举一动。但现实总是事与愿违，孩子有他们自己想法。

作为父母，我们怎样才能了解孩子的想法，让孩子在自己跟前没有太多秘密呢？这就需要父母在生活中留意孩子细微的表现并加以诱导。

明明是跟着奶奶长大的。奶奶家住在乡下，自然开阔的环境让明明性格开朗大方，活脱脱就像匹小马，无拘无束，似乎什么事都不能影响他的天真洒脱。到了上小学的年龄，父母把明明接回身边，这个在自然中长大的孩子明显和周围的小伙伴不一样，他乐于助人，从不斤斤计较个人得失，很得家长老师的喜欢。

但有一件事，妈妈觉得无法接受。每次妈妈把刚炒好的菜端上桌，还没等爸爸妈妈动筷子，明明就把菜里的肉和鸡蛋全部挑走了，根本不管爸爸妈妈吃没吃。妈妈感到很委屈，想着这个孩子不知道关心父母，父母辛苦了一整天，他却只顾自己，怎么那么不懂事。为这事，妈妈没少生明明的气，但想着孩子刚从奶奶那儿过来，还不懂得关心父母，就忍着没有批评他。

这天，奶奶从乡下来看明明。吃饭的时候，明明一如既然地像以前一样把喜欢吃的全挑到自己碗里了。妈妈忍不住对明明说："奶奶还没吃呢，你这孩子，怎么这样！奶奶大老远来看你，你就这么不懂尊重她？"明明好像突然意识到了什么一样，脸涨得红红的，伸出的筷子进也不是，缩也不是，很是尴尬。奶奶却说："明明跟我们吃饭的时候，我们都要求他这样，他是个孩子，有什么好的当然要给他吃，他吃了，我们心里才高兴。"妈妈这才明白明明这么懂礼貌的孩子为何到饭桌上一点礼貌都没有了，原来是奶奶要求的！

晚上妈妈跟明明就这件事谈了话，妈妈说："奶奶把好吃的都给了你，是奶奶关心你，无论什么时候你都不能忘记奶奶对你的好。但奶奶教你的并不一定是对的。假如你去同学家里吃饭，大家还没吃，你却把好吃的都挑走了，你觉得同学和他的爸爸妈妈会不会开心？我们当然像奶奶一样希望把好东西都让给你，但是你必须懂得尊重其他人，在外面一定不能表现得太自私，否则会让别人不喜欢你。"明明表示接受妈妈的话，反省自己以前没有注意到父母和他人的感受，并且愿意以后做事多为他人着想。

孩子就是这样，他们一切令人不满意的行为都有原因，父母应该适当了解孩子的想法，明确他们这么做的原因。然后通过谈话和讲道理的方式让他们明白这么做的坏处，引导孩子改变不恰当的行为。

在了解孩子的过程中，父母一定要注意不能责骂孩子。虽然孩子单纯幼稚，但每个孩子都有自己的想法，他们有自由做事的权利，家长无须干涉。在成长中的孩子更为叛逆，家长越责骂，孩子越反感，反而不利于沟通，而使问题不能得到及时解决。

我认识一家人，孩子经常对父母说"懒得理你""你知道什么"，呛得父母说不出话，可想而知，这之后父母对孩子进行一顿批评是免不了的。为什么会出现这样的情况？难道真是孩子不懂得关心父母，不愿意跟父母沟通吗？问题还是出在家长身上。当孩子什么都不跟父母说的时候，表示他已经对与父母沟通失望很久了。长久以来，他和父母沟通都以被责骂告终，甚至有时候还没开口说到正题，就遭来一顿骂，久而久之，他怎么还愿意跟父母说心里话？

父母和孩子的沟通首先建立在聊天上。孩子其实很愿意跟父母聊天，发表自己的看法。但是大多数父母却不是民主的家长。我经常见到孩子和父母的相处方式是这样的：孩子想要表达自己的想法，而父母却说，"你知道什么，你管好自己的学习就好，这些事不用你操心"。孩子只好闭嘴不说话了。但事实上，这样的做法会挫败孩子跟父母沟通的积极性。每当孩子要发表或已经发表意见时，家长不是鼓励他支持他，反而嘲笑他的无知、怀疑他的能力。当孩子意识到自己说的话对父母而言没有丝毫分量时，他怎么还愿意跟父母讨论问题，说出自己的想法？

民主、自由的家庭出来的孩子总会比一般孩子更善于沟通。这样家庭的父母鼓励孩子发表自己的看法，并与孩子争辩讨论，允许孩子向家长质疑与挑战。这样很大程度上提高了孩子的自信心，不仅有利于孩子与父母沟通，让父母了解他们的想法，还有利于培养孩子的思维能力和社交能力。

体会孩子的感受

孩子是独立的个体，虽然还小，但已经有了自己独立的想法。孩子的情感比成人想象的要丰富得多。他们遇到高兴的事会开心、遇到不高兴的事会难过、遇到无法解决的事会挫败沮丧。可以说，每个孩子的内心都像林妹妹，见到花落了都要难过很久。作为家长，需要体察孩子情感的变化，因为孩子内心感情的发展不仅会影响一个家庭的和谐气氛，还会影响孩子以后人生道路的发展。

我们经常在报纸上看到这样一些新闻：北京一个13岁的男孩，母亲对他的学习成绩批评了几句，他承受不了，自杀了；南方一个15岁的女孩，因为成绩不理想，自杀了。这些新闻让我们触目惊心。孩子都是父母的心头肉，平时都捧在手心里，怎么能忍受丧子之痛？父母对孩子的批评都是出于善意，孩子却不能承受这善意的批评，走上社会，面对各种不如意，该如何自处？

我们现在的社会，越来越需要高情商的人。所谓情商，就是指情绪智商，是一个人感受、理解、运用、表达、控制和调节自己情感的能力，以及处理自己与他人之间情感关系的能力。情商高的人在为人处世方面往往游刃有余，在社会上比较容易成功，也比较容易建立起和谐美满的家庭。研究显示，一个人的成功，百分之二十归于智商，百分之八十取决于情商。而个体的情商发展是阶段性的，具有明显的敏感期和关键期，儿童期是个体情商发展的关键时期。如果在这个时期没有得到及时有效的情商教育与训练，一旦错过，个体掌握相应的情商技能就会变得比较困难。如何利用孩子的情商关键期，培养高情商的孩子？这就需要父母注意照顾孩子的内心感受并加以引导。

玲玲班里要去春游，玲玲是班里选出管理春游事项的小组长。玲玲为了不辜负大家的信任，十分积极地准备春游事宜，但在准备的过程中跟同学小旭发生了矛盾。玲玲给大家规划春游路线时，小旭总是挑刺儿，说那条路线太远难走，这条路线风景不好没意思之类的话，给玲玲的工作造成了很多麻烦。

玲玲回到家越想越生气，跟妈妈说自己想辞去小组长的职务。玲玲跟妈妈说话的时候明显是气呼呼的，委屈不悦都表现在脸上了。妈妈没有立刻对玲玲的决定作出回应，而是让她深呼吸20次，让她先自我调节冷静下来。玲玲照着妈妈说的做了，做完深呼吸之后，玲玲的情绪明显好多了。妈妈跟她说："同学跟老师把这个重要的任务交给了你，是对你的信任，你就要负责处理好这些事情。小旭对你的工作进行批评、表示不满，必然有他的原因，你还没有试着跟他进行沟通，就武断地决定半途而废，这样做会给同学造成不好的印象。小旭挑剔你的工作，是他没做好。你却因为他的原因让自己气鼓鼓的，你觉得生那么大的气对不对？"

玲玲听了妈妈的话，反省了自己想要辞去小组长的想法。她积极去规划春游路线，尽量听取班里同学的意见，主动找小旭了解他的想法，最终找到了一条让大多数同学都满意的路线。在这件事情中，玲玲知道了控制自己脾气的重要性，学会了管理自己的情绪。在与同学小旭的磨合中，她也慢慢锻炼了人际交往的能力。

玲玲妈妈的做法很得当，在孩子非常生气、内心情绪难以平复的时候，懂得教孩子使用深呼吸的方法平复情绪。任何人在气头上的时候都难以作出最正确的判断。孩子只有冷静下来，没有那么多情绪波澜时，父母所讲的道理在孩子那里才会得到体悟和共鸣。

父母平时要注意体察孩子的感受，适当地引导孩子将自己的情绪控制在合理可行的范围内。如见到孩子高兴了，要跟他分析高兴的原因，看到孩子不开心，就要及时找出令孩子烦恼的根源，引导孩子控制负面情绪。启发孩子思考自己的情感变化。比如说孩子在舞台上表演失利了，孩子很沮丧。父母这时候应该对他说："这次的表演可能让你对自己很失望，但不必过于自责，你觉得有没有值得肯定的地方呢？"长此以往，孩子必能学会如何处理自己的情绪，把负面的情绪控制在哀而不伤的范围。

✒ 支持孩子的理想

每个人的童年都有理想，这些理想中的很大一部分并不切实际，但作为父母，对待孩子的理想，应该予以包容理解和支持。捷克教育家夸美纽斯指出："应当像尊敬上帝一样尊敬孩子。"

美国有一个小女孩，很小的时候想要做飞行员。她立下宏愿，要做飞越北美洲最年轻的飞行员。经过一段时间的训练，在女孩7岁那年，她开始了这次飞行。然而飞机失事了，与她一起遇难的还有她的父亲和教练。可想而知，这件事给这个家庭，给孩子母亲造成了多么悲痛的影响！但事后，女孩的母亲在接受记者采访时说，她并不因此后悔，因为那是女儿的愿望，是一个勇敢而伟大的尝试。如果一切还可以重新选择，她依然会尊重女儿的意愿。

然而我们目前的社会现状是，家长总喜欢为孩子设计理想。从孩子刚开始上学，就为孩子把未来一步步都规划好了，细致到孩子以后要上哪所大学读什么专业。为了实现家长对孩子的理想，他们强迫孩子按照自己设计的线路发展，如果孩子不符合自己的要求，就对孩子的努力和成绩全盘否定，甚至责骂孩子。

家长出于爱而安排孩子的未来，本是为孩子着想，可往往事与愿违。正确的做法是，父母尊重孩子的选择，不嘲笑孩子的愿望，鼓励并支持他们的理想。

南北朝时期的科学家祖冲之小时候不爱读经书。祖冲之的父亲祖朔之是一个小官。他望子成龙心切，逼迫不到九岁的祖冲之背诵深奥难懂的《论语》。但祖冲之并不喜欢读经书，读书几乎没有进步，他对父亲说："这些经书我说什么都不想读了。"父亲一听，气得伸手打了他两巴掌，祖冲之哇哇大哭起来。祖冲之的爷爷知道这件事以后，批评祖冲之的父亲说："经常打孩子，不仅起不到好的作用，还会使孩子变得粗野无礼。读经书并不一定就能有出息，有些人满肚子经书，却只会之乎者也，什么事都不会做。"于是祖冲之的父亲不再逼迫他读经书。一天，祖冲之对祖父说："我很喜欢天文，将来想做天文学家。"祖父表示支持他。祖冲之在祖父的支持下，努力学习天文历法知识，终于成为了一名伟大的科学家。

西晋著名文学家左思小的时候，父母一心想把他培养成一位书法家，可是左思对书法并不感兴趣。父母又让他改学鼓琴，但左思依然提不起精神来。后来左思的父母发现是自己的教育方法有问题，他们以自己的想法和愿望为主，让孩子听从自己的安排，却忽视了孩子的兴趣和内心感受。于是父母不再为左思做选择，而让他顺其自然地发展。左思喜欢读书、写文章，父母就让他每日与书籍为伴。结果左思很快学到了很多知识，成为了一位大文学家。

家长应该支持孩子的理想和选择，即使孩子的理想听起来十分荒唐，父母也不要不分青红皂白地进行批驳，应该耐心问清缘由。

我上小学一年级的时候，有一次老师让大家都到讲台上说说自己的理想。那个时候我刚从老家过来，对城市里的什么事物都感到新鲜，根本不知道什么才是伟大的理想。听着小朋友们一一说出了自己的理想：科学家、教师、警察、售票员……我不知道该说什么。轮到我说的时候，我站起来大声说："我要当开汽车的！"大家都笑了。当时我并不知道"开汽车的"有个学名叫"司机"，也不了解"开汽车的"有什么可笑。当然，我并不是真的想当"开汽车的"，只是因为这个理想没人说，可是被大家嘲笑我就很不开心。这本是生活中非常小的一件事，它之所以留在我记忆里到现在，是因为这件事对我产生了比较坏的影响，很长时间我都不敢轻易向别人谈起自己的理想，也不敢轻易树立理想。当产生一种对未来的想法的时候，我必须仔细考量一番，这个想法适不适合当作理想，能不能得到别人的认可，会不会又被嘲笑。于是我不敢也不愿意再轻易树立理想，渐渐失去了设想规划未来的激情。现在想来，如果有人在我羞涩无知的时候站在我这边，用严肃的态度尊重我的理想那该多好啊！我会非常感激他。

小孩子的理想跟成人的不同，小孩子的理想往往没有边际，只要喜欢的东西，都可以当做理想。家长对待孩子的理想不要轻易嗤之以鼻，最好能鼓励他、支持他。因为成人对待孩子理想的态度会影响孩子观念的形成，经常被鼓励的孩子比经常被批评否定的孩子更加自信成熟，看待事物的角度也是不同的。

✎ 营造美好的童年

　　童年是一个人最美好的时光。童年的记忆应该是美好的、快乐的、纯真的。在家庭中，每个父母都有义务送给孩子这么一份美好的礼物。我们小的时候，有大把的时间可以和小伙伴玩耍，有美丽的自然环境供我们探索大自然的奥秘，我们放了学写完了作业，想干什么就干什么，无拘无束、自由自在。跟现在的小朋友比起来，我们无疑有个美好的童年。因为那时候没有补习班、特长班，就算父母对我们的学习要求严格一些，我们也还是有不少时间约一二好友到楼下跳绳，到操场来一场酣畅淋漓的球赛。

　　我们的童年就像一张彩色画纸，总有那么多快乐的事儿，满满的幸福仿佛要溢出来了一般。可相对而言，我们最爱的孩子的童年却不那么值得夸耀。是啊，孩子们回到家有写不完的作业，好不容易盼到周末又有无数特长班要上，家长们忙着工作，有那么一点儿时间只顾督促孩子写作业了，孩子们哪里有时间经历彩色的童年呢？

　　其实给孩子一个美好的童年，并不是那么的困难。只要家长稍微用点心思，孩子就能在枯燥的学习间隙获得美好的回忆。

　　我的一个朋友在培养孩子方面有自己的一套经验。他和爱人很注意增添孩子生活的乐趣。他们夫妻订下一个计划，每周花半天到一天的时间陪孩子做他喜欢的事儿。从儿子宏宏上小学时起，这个计划就开始实施了。夫妻俩人对孩子保证每周实现他一个愿望，这个愿望由他自己想，然后告诉父母，只要不是很离谱，父母都陪他实现。孩子有了盼头，每天都很盼望周末的到来，因为到了那天，他就可以实现自己的小心愿了。宏宏的心愿各式各样、千奇百怪，比如在他小学一年级的时候，他想要在爸爸妈妈的帮助下给小区的每只狗颁个"忠心"奖。宏宏一家一大早就忙活起来，裁纸、画图、写字、联系狗主人……差不多每一件事都要征求宏宏的意见，宏宏乐意亲力亲为，夫妻俩只在孩子需要帮助的时候才插手。再比如宏宏想自己做蛋糕，可是他对做蛋糕的程序一窍不通，于是爸爸妈妈一起帮他参谋，在家长的帮助下，宏宏终于自己烤出了蛋糕。

朋友说，宏宏每周都很期待着周末的来临，他的生活比一般小朋友丰富幸福得多。朋友的工作很忙，爱人是搞销售的，天天各处跑，工作很辛苦，经常加班。但无论如何，他们每周都要抽出时间来实现孩子的愿望。

宏宏的童年在父母的精心安排下，过得有滋有味。比起其他孩子，宏宏对童年的认知是不一样的，他的童年充满着欢乐的气氛，并且在实现愿望的过程中，宏宏的动手能力、领导能力、思考问题的能力都得到了强化。

只要父母愿意在孩子童年的乐趣上花心思，孩子的生活状态就会得到改善。现在多数父母抱怨自己工作辛苦，家里家外忙得不可开交，哪里有精力为孩子做这些。但是我们每天辛辛苦苦是为了什么？还不是为了孩子能过上好日子！我们花那么多时间精力去逼孩子做不喜欢的事情，把孩子的童年生活变成了作业与特长班，我们的孩子就会过上好日子吗？答案明显是否定的。给孩子营造一个幸福欢乐的童年，哪怕每周花一个小时来经营，都能让孩子有不一样的童年。

✐ 回答孩子的问题

为什么天是蓝色的，湖水也是蓝色的？为什么小狗小猫会长尾巴，而人却没有？为什么我的玩具熊不会动？……

好奇是人类的天性，在童年时期，孩子的好奇心特别重，总有问不完的问题。当孩子向我们提出这些问题的时候，作为家长该如何回答呢？是很不耐烦的让他自己去翻《十万个为什么》，还是责怪他不懂事，父母那么忙还要来烦？或者是耐心地解答孩子的问题？

小羽跟着妈妈走在回家的路上，抬头看到天上的云彩，便向妈妈提出一大堆的问题，"云彩怎么是白色的？""云怎么能飘在天上呢？""云什么时候能掉下来让我摸摸？"妈妈很耐心地跟他解释："云是空气里的小水珠和灰尘颗粒形成的，太阳照着它们的时候，水珠和灰尘不愿意让阳光以它本来的样子出现，于是就变成了白色。云之所以很轻掉不下来，是因为它们在空气里飘浮着呢，你看气球不也能飞在天上吗，这也是由于空气浮力。空气对它们的浮力很大，能托着气球不掉下来，也能托着云不掉下来。你如果想摸云，就伸手摸摸身边的空气，它其实就是一种云，你没看到它，是由于它太小了，还没长大呢。"小羽若有所思地点点头。妈妈说："你不是有个画册，里面画着各种不同的云，我们一会儿回家之后去翻翻书吧。现在我们来学习一首关于云的诗吧：你一会儿看云，一会儿看我；你看云时很近，你看我时很远。"于是小羽开始跟妈妈学习关于云的知识了。

孩子的提问行为与他们大脑思维的发展有紧密的联系，提问行为反映了他们的思维过程，正确对待孩子的提问不但可以促进注意力、思维和语言表达能力的提高，还有助于孩子的知识积累、提升社会交往能力。

好奇、爱提问题，说明孩子勤于思考，求知欲很强。父母严肃对待孩子的提问，恰当回答孩子的问题很重要。回答孩子的问题看似没什么技巧，却能在很大程度上促进孩子的健康成长。父母肯定孩子所提的问题，并及时给他进行解答，让孩子感到提问题是一件快乐的事情，会促进孩子思维的发展。

然而现实中我们却经常能见到这样的场景，孩子不停地问问题，跟在父母屁股后面问东问西，父母忙着做其他的事情，要么不怎么理会孩子，要么不耐烦地训斥孩子不懂事，就知道添麻烦，要么就随便敷衍几句了事。

这种做法害处很大，孩子不光没有在提问题时获得希望得到的知识，自尊心还会受到伤害，以后可能不会再积极主动地产生学习知识的想法了。别以为孩子还小就什么都不懂，孩子内心很敏感，他能敏锐地感觉到父母的态度，父母的冷淡只会让他以为自己不应该问问题，让他对自己的能力失去信心。敷衍的结果是让孩子渐渐失去提问的热情，渐渐失去好奇心与求知欲。

✎ 尊重孩子的选择

每个人都渴望自己得到别人的尊重，孩子也一样。孩子虽然还小，但通过跟外界的接触，在许多事情上有自己的看法和态度。在关于孩子自己的某些事情上，最好让孩子自己拿主意。

朋友的孩子小南最近很讨厌学钢琴。他妈妈是钢琴老师，爸爸是艺术爱好者，他们都希望把小南培养成音乐家，督促他练琴时很是上心。可是这孩子却偏偏跟他们对着干，每到练琴的时候，就是小南的受难之时。好不容易等小南不情不愿地坐在钢琴前面了，却总是毛毛躁躁，经常弹错音符。小南的妈妈气不打一处来，批评训斥都不管用。我建议他们不要轻易训斥孩子，应该问问小南自己的意思，如果他真的不喜欢弹钢琴，还是最好尊重他的选择。

小南果真不喜欢弹钢琴，他更喜欢古筝，因为他觉得古筝清越优雅，弹古筝才能显示他的音乐能力。朋友决定尊重小南的选择，不再逼迫他弹钢琴，从此小南家里多了一架古筝。小南再也没为弹琴的事情跟父母闹过。

1998年世界首富比尔·盖茨正当中学毕业，很想到哈佛大学读书，这也是他父母最大的心愿，但在专业选择上，父母与儿子发生了分歧。父亲在美国律师界的声望很高，他十分希望儿子能继承父业，但比尔·盖茨对学法律当律师根本不感兴趣，他最感兴趣的是数学和计算机。所幸的是，盖茨的父母都很开明，当发现儿子对律师不感兴趣之后，便放弃了原来的想法，决定让孩子自己选择专业。可是一年以后，盖茨却执意要离开哈佛与别人一起创办计算机公司。父母刚开始极力反对，但最后还是决定要尊重儿子的选择。盖茨在父母的理解与关怀下，事业慢慢有了成就，成为了一位成功的人。

现在很多家长抱怨孩子不愿意吃饭、不配合穿衣等等问题。我想如果把主动权交给孩子，让他去设计一天的伙食，让他自己到衣柜前面挑选想要穿的衣服，孩子可能不会再为这样的事跟父母闹。

为什么孩子处处跟父母对着干？主要原因还是父母对孩子的绝对管教令孩子产生了叛逆心理。不少家长认为孩子太小，不能自己作出正确的判断，姜还是老的辣，听父母长辈的不会出错，于是将自己的想法强加到孩子头上。可是我们将自己的想法强加给孩子的时候，并未征求过孩子的意见。孩子都希望得到尊重，希望别人重视自己的意见。

怎么才算是尊重孩子的选择呢？家长们口口声声都在说让孩子自己拿主意，可背后那根指挥棒依然掌握在父母手中。父母说在选择课外书籍方面尊重孩子的想法，可当孩子说想多看些名著时，父母却劝他去读优秀作文选，因为这样可以提高作文水平。孩子如果坚持要看名著，父母就会批评他作文写得一塌糊涂，考试成绩那么差，怎么能浪费时间在读名著上？孩子不能违背父母的意见，只能放弃自己想看名著的想法，改读作文选了。

娇娇的父母是我们小区最"民主"的父母了，他们号称"孩子的事情听孩子的"，因此被小区里的孩子尊重和喜欢。小区里的孩子都希望有个凡事能商量、不唠叨的家长，娇娇有这样的父母，实在让孩子们羡慕极了。可是娇娇最近一两年来却越发沉默了，整日里垂头丧气，无精打采，目光躲闪，不想读书，成绩更是一落千丈。大家都觉得娇娇太不争气了，有这么好的家长，她还有什么不满意的？

我家刚好和娇娇家是邻居，我知道娇娇是怎么变成现在这样的。父母凡事说好了听她的，但无论娇娇做了何种选择，娇娇的爸爸妈妈事后都会挑三拣四。孩子的升学是何等重要的事情！这个时候无论多民主的父母都在忙着为孩子挑选合适的学校，为孩子的选择给出参考意见。娇娇小学升初中的时候，爸妈说："你自己选择适合自己的中学，我们尊重你。"娇娇其实并不知道哪所中学更适合自己，她表示非常希望爸妈给出参考意见，可爸妈总说让她自己拿主意。娇娇的爸妈可聪明着呢，他们说："孩子的事情，应该让孩子自己拿主意。父母最好别管。不然父母拿错了主意，孩子以后会怪你们的。"于是在娇娇人生一个很重要的选择点——小学升初中选择学校的时候，爸妈一如既往地什么都不管。娇娇选择了一所离家近的中学，因为离家近可以节省很多时间。可是在娇娇填了入学志愿之后，父母的态度却发生了一百八十度大转变。他们像是对这所学校有深仇大恨似的，在娇娇面前不停地抱怨。我知道娇娇父母为何抱怨，小区的很多孩子报考的是离家稍远的重点中学，娇娇小学的成绩非常好，报考一所二流中学让娇娇爸妈觉得面子上挂不住了，在一向以孩子的成绩而自豪的父母眼里，娇娇的选择无疑给了爸妈一巴掌。

爸妈的态度让娇娇摸不着头脑，她很委屈地说："是你们让我自己做选择的，这所学校是根据我自身条件做的选择，我觉得它很适合我。"娇娇的爸妈很生气。这以后的很多时候，只要想起这件事，他们都要在娇娇面前说起，责怪她对自己不负责任。娇娇不满意爸妈的指责，但这所学校确实很不理想，硬件软件都跟不上，老师的水平跟重点中学相比差了一大截。娇娇无论在学校受了多少委屈，回家都不能跟父母说，因为他们不仅不提出解决意见，反而抱怨她当初没做好选择。娇娇在学校过得不开心，在家里还要受父母的指责，长期下来，整个人的精神状态都萎靡不振了。

我很不赞成娇娇父母的做法，他们看起来是尊重孩子的选择，但从源头上看是典型的不负责任的表现。他们之所以号称"听孩子的"，是害怕帮助孩子决定一件事之后，如果出了什么不如意的事情，娇娇会怨他们。可孩子大多时候受到视野、知识、能力的限制，不能作出最正确的决定。父母应该给出参考意见，让孩子有可借鉴的资源。孩子在很多时候需要听听父母的意见，父母什么都不管，会让他觉得父母根本就不重视他。而当孩子做了不那么理想的决定之后，父母就不要再责怪他了，孩子本来心里就已经很难过了，再指责他，反而会让孩子反感叛逆。

家长嘴里所谓的"尊重孩子"，并不是真的要尊重孩子的选择，而是以"尊重"孩子为借口，实现他们掌控孩子的目的。家长一方面苛求指责孩子的想法和行为，没完没了地抱怨唠叨孩子，另一方面却说自己尊重孩子的选择。这样的做法无疑加重了父母与孩子的矛盾，让孩子觉得父母根本就在敷衍他，一次两次之后，孩子或许不会再跟父母商量事情了。

尊重孩子的选择是对孩子的一种信任，是将孩子当做独立的个体去对待；尊重孩子的选择，是培养孩子的民主意识，从小在受尊重的环境中长大的孩子，才懂得尊重体谅包容他人，做事情才能不偏听偏信、不独断妄为。给孩子一个包容民主的家庭，凡事让孩子自己拿主意，父母根据需要提出意见，孩子会得到更多的锻炼。

现在的孩子本来就面临着巨大的压力，在学校他们要跟同学比成绩、面临着升学考试的压力，在家里他们背负着家长的期望、背负着跟其他的孩子比能力比素质的压力，孩子的生活还不能绝对独立，还需要依赖父母。父母对孩子付出了大量心血，期望孩子成龙成凤，无可厚非。孩子面对父母的期望，只能用成绩来回报，一旦成绩不理想，他们内心就会背负着深深的愧疚和自责。孩子的成绩如果不甚理想，本来就已经产生了愧疚心，但有些家庭中由于父母的期望值太高，而变相地给孩子以巨大的压力，让孩子感觉到父母这样做不是出于爱，而是出于对他们出人投地的期望。

我们看到太多由于父母给孩子压力大而造成孩子自我毁灭的悲剧。镇雄县实验中学初二的两个女生不堪承受来自父母的压力，在花样年华留下遗书，将双手紧紧互相绑在一起，跳进了城郊的水库。这样极端的事例不在少数，应引起家长们的反思。

✎ 好父母负责任

前两天在微博上看到这么一个事例。一位女性每次提到她的妈妈都是一肚子委屈。她说自己的妈妈从小到大什么都不管不问。姐姐嫁人，她就丢了一句话："这婚事我不同意，以后后悔了别来找我，也别怨我。"她考大学那年，妈妈也就一句话："你喜欢什么就报考什么，不用问我。"结果现在姐姐的婚姻生活不幸福，她最恨的就是妈妈。

父母生养了孩子，就要为孩子的生活和未来负责任。如果孩子性格内向，父母需要鼓励他、赞美他，赋予他自信；如果孩子爱好少，没有特长，父母就应带着孩子多逛乐器行或者艺术学校，培养他的爱好；如果孩子遇到重大抉择，左右为难，父母就要把利与弊分析给孩子听，旁敲侧击，潜移默化地影响他。作为父母，我们要为孩子的未来负起责任，而不是凡事听之任之、不理不问，最后把所有的错都归咎于孩子："我什么都随着你们，出了什么事，不能怨我。"

负责不仅仅指照顾孩子的饮食起居，还指对孩子能力的培养负责，对孩子的身心健康发展负责，对孩子的人生蓝图负责，对孩子的未来负责。

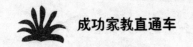

二、教育孩子技巧多

✎ 将传道寄于生活

对孩子的教育不能仅仅依靠于老师和课堂。日常生活中每时每刻所发生的事件，只要好好把握，都能让孩子从中学到知识。

小露珠今天开心极了，因为爸爸妈妈终于要带她去池塘钓鱼了。露珠从没钓过鱼，一个月前邻居姐姐要带她去，爸爸妈妈害怕她年纪小出危险，不敢让她去。为此露珠难过了好几天呢。爸爸妈妈看到她那么想去钓鱼，不想扫了她的兴，于是专门抽出时间陪她一起去。为了今天，小露珠老早就和爸爸去挑好了鱼竿，准备好了马扎、渔网、遮阳帽，昨天晚上又亲自跟爸爸一起制作鱼饵，激动地好久都睡不着觉。

他们一大早就出发了，一路上小露珠唧唧喳喳地说着她的设想：要钓好多好多鱼，鲤鱼、鲫鱼、小黄鱼、大头鱼……送给奶奶、姨姨、姑姑、邻居玛丽阿姨、小区的馋嘴猫……还要留几条养在鱼缸里，告诉来家里的叔叔阿姨那是她钓的。露珠的高兴让爸爸妈妈感到百忙之中用一天出来钓鱼是一个非常伟大的决定。

可是钓鱼并没有想象中那么容易。他们都是新手，好不容易学会了怎么撒线、收线，又由于耐不住性子等到鱼上钩，吓跑了好几条鱼。钓鱼是一个很枯燥的过程，等待的时间远远比钓上鱼的激动人心时刻更多。露珠开始的时候还能静静地等着鱼儿上钩，可是不一会儿就觉得烦躁不安了，一个劲地问爸爸："鱼怎么还不上钩啊？它们是不是知道咱们要钓鱼，就躲着不上来啦？鱼怎么那么聪明，就是不咬鱼饵？"等到日头偏西，一家人的收获寥寥，钓上来的几条鱼全是又细又小的小鱼。露珠不开心了。

等到要收工回家的时候，她死活都不愿意走，非要钓条大的才行。爸爸很耐心地开导她："能来钓鱼咱们开心吗？"露珠说："开心。""那钓鱼的时候你学到有用的知识没有？""学到了，学到了怎么挂鱼饵、怎么收线，在钓鱼的时候不能说话不能多动，不然会把鱼吓跑。"爸爸又问："你学到了那么多东西，为何现在又不开心啦？"露珠难过地说："咱们用了一天时间，结果都没啥收获。"爸爸笑了："咱们怎么没收获？你不是学到了很多东西吗？你看看鱼篓里不是钓到了鱼嘛！你第一次来钓鱼能有这么大的成果，非常值得表扬了。人经常遇到付出和收获不成比例的时候，就像这次钓鱼，明明付出了那么多时间和经历，却收获不佳。虽然如此，你也不必难过。因为收获固然重要，更重要的东西却是在钓鱼过程中你获得了快乐和知识。你说是不是？"小露珠终于笑了。

生活中发生的小事情都是孩子学习的契机。父母将生活中的小事利用起来，对孩子进行及时的启发教育，往往比单调的学习更有效果。

周末小强跟妈妈到公园散步。看到湖边的栏杆上伫立着几只蜻蜓，小强随手逮到一只。他看到蜻蜓的眼睛圆圆鼓鼓的，身体像竹节，觉得不可思议。

小强问妈妈："为什么蜻蜓的眼睛那么大？"妈妈说："蜻蜓要抓虫子吃，虫子都很狡猾，所以蜻蜓要拥有一双大眼睛，才能敏锐地捕捉到昆虫，才能有饭吃。"小强问了妈妈很多关于蜻蜓的问题，妈妈不厌其烦地一一解答。

小强觉得蜻蜓很有趣，就想把蜻蜓翅膀折断，然后带回家去。妈妈严厉地制止了他。妈妈从来没发过那么大火，现在突然为了一只蜻蜓变得那么严肃，小强感到很委屈。

妈妈对小强说："蜻蜓捕捉昆虫，为大自然除害，还吃那些经常咬你的蚊子，减少蚊子的数量，是不是值得人们好好待它？"小强同意妈妈的说法，但仍然坚持要带蜻蜓回家。"那如果有个远方的叔叔，到咱家来玩，见到你之后很喜欢，要带你到他家里去。他家非常远，要坐很久的火车和飞机。你去了他家，他会一直很好地招待你，爱护你，给你吃的穿的，就是不让你出门玩，你去不去？"

小强说："妈妈，我当然不去。你别用我和蜻蜓作比较。我是人，它是蜻蜓。

我不是蜻蜓，我们不一样。"妈妈说："孩子，你看大自然中有那么多的生物。从你的眼里，你能分得出猫和狗谁优于谁吗？你能分得出马和牛谁比谁更高等吗？你能说清蚂蚁和小鸟谁更聪明吗？"小强支支吾吾说不清楚。

妈妈说："你带蜻蜓回家，蜻蜓也不愿意啊。它也有自己的爸爸妈妈，你离开了爸爸妈妈觉得难过，蜻蜓难道就不难过吗？在自然界里，一切生命都有它存在的意义，不同的物种都有自己的生活方式，我们人也一样，我们也是大自然物种之一。我们确实比一般动物更强大更有知识和能力，但这决不能作为欺凌其他动物的理由。生命都是平等的，一切生命都值得尊重与爱护。如果为了我们自己的私心，随意迫害它们，仅仅因为喜欢它们就强行带它们离开自己的家，那么我们的强大就会变成我们的卑劣。如果哪一天，蜻蜓突然变强大了，觉得你可爱活泼，想把你带回蜻蜓家，你心里会不会难过？"

妈妈的话让小强重新思考了有关生命和动物的常识。他想了想说："妈妈，你说的对，我不是蜻蜓，我不知道带它回家它心里会怎么想。但蜻蜓如果要强行把我从妈妈身边带走的话，我肯定很难过。"于是小强小心翼翼地把蜻蜓放了。

在生活中，我们处处能遇到这类现象。父母遇到了这种情况，不要轻易地随孩子心意过去就算了。孩子都能明白一些道理，人性、道德、关爱等品质都能在日常生活小事中培养起来。把握生活小事，在生活细节中注意培养孩子的道德品质，这些大道理才能在潜移默化中进入孩子的思想，让孩子逐渐成为一个具有高尚品质的人。

将言教结合身教

妈妈说："你不要去做这件事，这件事不好。"爸爸说："不能这么没礼貌，见到长辈要问好。"妈妈说："不要在背后说同学的坏话。"爸爸说："好好学习，别老玩游戏、看电视。"……几乎所有家长都是这般苦口婆心地教育孩子的，但有多少孩子记得住父母的谆谆教诲？

孩子刚出生时，分不出性格的优劣、行为的高尚与卑劣，可是在成长过程中，在父母每天潜移默化的影响下，孩子和孩子之间出现了不同：有的孩子懂礼貌、乐观积极、爱学习；有的孩子懦弱胆小、不愿做任何改变；有的孩子贪玩、调皮、任性……

父母的言行对孩子的影响很大。粗暴无礼的父母，很难培养出文质彬彬的孩子；书香门第却多出学者。家庭环境的好坏，直接影响孩子的性格。家长的现在预示着孩子的未来，家长在家庭对待细节的方式不同，会影响到孩子的一生。

许多父母抱怨孩子不好好学习，回家就知道看电视、玩电脑，不爱读书写作业。如果孩子出现了这种问题，父母除了对孩子进行正确的引导劝诫之外，还应从自己身上寻找原因。我们看到大量的事实是，父母在外面劳累了一天，将家看成了绝对的休息之所，回到家只想休闲娱乐，电视机一直开着，电脑游戏不停地玩着。而这个时候，孩子却还要读书完成作业。哪个孩子不喜欢看电视，不喜欢玩呢？当电视开着的时候，当父母看电视、玩电脑的时候，怎么能要求孩子专心看书学习写作业呢？

2006年寂静法师在厦门讲课，最后的提问环节中有位听众问道："请问法师，我的小孩不听话、不爱学习，怎么办？"寂静法师说："你复印过文件吗？""复印过。"寂静法师又问："如果复印件上面有错字，您是改复印件还是改原件？"听众沉默了一会儿说："改原件。"法师又说："应该原件和复印件同时改，才是最好。"寂静法师的话极具启发性，父母是原件，家庭是复印机，孩子是复印件。孩子是父母的未来，父母却更是孩子的未来。只有父母以身作则，才能保证孩子这个"复印件"上面没有错字。

父母回到家不应完全放纵自己。电视可以开，但必须限定时间，比如吃饭的时候可以听听新闻、看看全家共同喜欢的节目。过了这个时间点，电视、电脑马上关了。父母各忙各的，看看书报，充实自己，难道不比光盯着电视电脑无所事事强吗？孩子有意无意中以父母作为学习模仿的对象，如果父母能以身作则，在家严格要求自己，孩子还能懒惰懈怠到哪里去呢？

阳阳的父母工作很忙，他们白天忙工作，晚上回到家还不消停。爸爸是设计师，工作起来没有白天黑夜。他在公司做不完的活儿基本都要带回家做。

妈妈是老师，晚上经常要批改作业、备课。每天吃过饭之后，爸爸妈妈就各自趴在桌子上写写画画去了。

阳阳家有个很大的电视，那是爸爸妈妈结婚时买的，现在专门为阳阳播放《喜洋洋与灰太狼》。阳阳曾经有一段时间迷上了这个动画片，看得非常着迷。但最近妈妈发现阳阳不那么喜欢看动画片了，而是喜欢翻阅家里的书籍。他经常跑到爸爸的书柜前面，像模像样地拿起一本线装书，然后拿到他的小桌子前面开始装模作样地翻页了。妈妈问他："阳阳，怎么不看电视了？"阳阳非常不屑地说："那是小孩子才看的。"妈妈好奇地又问："阳阳已经是大人了吗？""那当然，我要做大人应该做的事儿了。""大人应该做的事儿是什么？"阳阳抬头看了一眼妈妈说："看书！"妈妈又好气又好笑地说："来阳阳，妈妈给你找个大人都喜欢看的书。"妈妈找出了儿童故事读物，开始为他读故事，阳阳听得津津有味。从此以后阳阳就迷上读书了，他对凡是用笔来做的功课都感兴趣，因为他觉得这样就和爸爸妈妈一样在做正经事，自己这样做就是个小大人啦。

孩子是一张白纸，他们的世界观是在父母的影响下形成的。父母的行为举止对孩子的一生都有不可磨灭的影响。

沐沐一岁左右的时候开始咿呀学语。平时爸爸妈妈上班，就由爷爷和奶奶带他。奶奶平时比较唠叨，对爷爷不满意了，就数落爷爷："你这榆木脑袋！"有一天，奶奶正在数落爷爷的时候，沐沐来了一句："一木恼的。"全家都愣了，反应了半天才清楚他说的是"榆木脑袋"几个字。这是沐沐第一次说那么长的话，就把奶奶数落爷爷的口头禅学会了。全家人对此作了反省，决定以后不在沐沐面前说这些影响孩子健康成长的话了。

沐沐长到五岁的时候，小区刚好举办老年诗歌背诵比赛。爷爷对自己的文学修养很有自信，就报名参加了。爷爷自从报名诗歌背诵赛后，就常常拿着唐诗宋词念念有词："竹外桃花三两枝，春江水暖鸭先知"、"朝辞白帝彩云间，千里江陵一日还"、"谁家玉笛暗飞声，散入春风满洛城"、"莫愁前路无知己，天下谁人不识君"……沐沐每天听到爷爷念诗的声音都特别安静，还会跟着爷爷一句一句地念。爷爷见他喜欢，就教他一起背。没过几天，沐沐就能把爷爷背诵的诗歌背下来了。这以后沐沐特别喜欢读诗歌，对诗歌表现出超强的记忆力，一家人都很开心。

当我们抱怨孩子不懂事、不学习、不懂礼貌的时候，我们应该反省一下孩子身上这些缺点是如何来的。是不是父母的行为出了问题，才让孩子不知不觉中养成了坏习惯？

✎ 以耐心换取耐心

小雪的妈妈待人和蔼可亲，温和大方，在为人处世方面游刃有余。但面对小雪却不一样。她对小雪一点耐心都没有，很多明明可以很温和解决的问题，她们总是吵吵闹闹。她家经常上演这一幕：妈妈从一开始就发脾气，小雪看到妈妈发了火儿，十分不情愿地去做妈妈交代的事儿；或者直接夺门而出，根本不理会她。

小雪很苦恼，她知道妈妈发脾气是为她好。她知道妈妈每天工作很辛苦，回到家还要操持家务，没少为自己操心。她也很体谅妈妈的辛劳，为此，她想着给妈妈按按摩，纾解疲劳。但她无法接受妈妈的态度，有事好好说有什么不好，为什么一定要大发脾气呢？

我找小雪的妈妈谈过几次，她表示知道自己错了。她总想着让孩子往好的方向发展，却难免操之过急，一旦孩子有什么不如她意的地方，就控制不住情绪了。

有多少家长能坚持每天晚上睡觉前陪孩子听一段英语，跟孩子做一次游戏，跟孩子谈次话？有多少家长在被问到"为什么面对孩子总要发脾气"这样的问题时，拿"工作忙、家务多、辛苦、累"为借口的？你工作是辛苦，家务是繁重，可是哪个家庭不用工作不用做家务呢？为什么有的家长就能心平气和地教育孩子，而你却不能？

我们总想了解孩子的内心世界，可一遇到需要父母花心思的事情，父母就开始没有耐心了。面对孩子跟我们倾述，我们总爱不耐烦地打断他们的话，或者心不在焉地敷衍。父母总爱找各种理由为自己的不耐心辩护，几乎没有注意到由于父母的不耐心，或许伤害了孩子的心理健康。

　　果果小时候，什么都跟爸爸妈妈说，爸爸妈妈也喜欢听他讲。可是果果上了小学以后，就不愿意跟爸爸妈妈说自己的事情了。他每天放学回到家就把自己关在房间里，不到吃晚饭就不出来。果果妈妈觉得孩子安静得有些异常，害怕孩子出什么问题，想让我去找果果谈谈。

　　我到果果家的时候，他还没有放学。果果妈妈就把果果这段时间与父母不合作的地方向我抱怨了一遍，比如妈妈问他今天老师讲了什么，果果只是说："就讲了那些呗。"就再也不吭声了。再比如爸爸想和他一起去超市买东西，怎么叫都叫不动他。从跟果果妈妈的谈话中，我感到她很在乎果果。

　　果果回到家，就直接往房间走，我跟着他进入了他的小房间。他房间的墙壁上挂满了体育明星的海报。书柜上摆了相当一部分体育杂志。毋庸置疑男孩都喜欢体育，可果果才上小学五年级，就对体育那么感兴趣，让我很惊讶。我指着墙上一个黑乎乎的家伙问他："果果，他是那个篮球打得很好的吗？"果果很不屑地说："这是罗纳尔多，是踢足球的。""噢，原来是足球明星啊，黑小子的足球一般都踢得不错。""那是，巴西就是足球的故乡，很多小孩从小就开始踢足球啦。""白人小孩也踢得很好啊，那个谁，那个贝利不也踢得很好嘛！""贝利也是黑人！"果果纠正我的错误。"噢，果果，你了解那么多的足球明星，你多给我讲几个呗。"果果虽然显得不耐烦，但居然真的跟我讲了起来。他口才很好，对许多足球明星了如指掌，跟我讲了好几个他喜欢的明星。虽然我对体育一窍不通，但看到果果讲起体育来头头是道，那么认真，我就耐着性子听完了。"好了，你已经了解了那么多足球明星了，你出去跟人聊天，能掌握我说的百分之五十，别人就很佩服你！"果果说话的语气非常自信，让我觉得他更有意思了。

　　我在他的小房间待了很久，他写作业我就在旁边翻翻他搜集的杂志。果果妈妈进来给我送水果，看到我跟果果聊得那么起劲，有点不可思议。但听到果果跟我说的都是足球，她明显不开心了。由于我还在旁边，果果妈妈不好发作，就对果果说："别老说那些没用的话，你的作业写完了？老师让你读的书都读完了？"

　　果果妈妈的态度让我知道这家人的问题出在哪儿了。很明显的果果妈妈不喜欢果果对与学习无关的东西关注过多。在果果妈妈做饭的小厨房，我跟她谈了一会儿。我跟果果妈妈分析了果果对父母态度冷淡的原因，我猜肯定是他们从果果一开始喜欢体育和足球的时候，反应不积极，并且为了遏制他对这些东西的兴趣，时常冲他发脾气的结果。

果果妈妈认为我分析的原因是存在的。她很担忧地说："让他把心思都花在那些上面，他怎么还能好好学习？"

我就问她："现在果果的成绩有没有下降？""那倒没有，果果目前的成绩很稳定。"我说："你以为他成绩稳定是不让他关注体育的结果？你错了，果果现在对体育和足球的了解已经远远超出了你的想象。这些知识都是他利用课余时间自己翻阅书籍积累的。果果不仅没有耽误学习成绩，反而获得了更多的知识。他兴趣广泛不是很好的事吗？果果对足球体育的热情并不影响他的成绩，相反，对这些东西的了解，还能提起他对体育、数学等学科的兴趣。"

果果妈妈听到我说的这些话，觉得有道理。我觉得大部分原因是因为果果在积累相当多的足球知识的同时，没有耽误学业。但他们向我保证以后会跟果果多聊聊足球的事儿，并且不再轻易发脾气，对果果的培养多花些心思。

孩子的内心很注重父母的反应。如果父母对他们大发脾气，急躁，动辄批评的话，孩子难免会急躁，反感，跟父母越来越疏远，再也不愿跟父母讲自己身边的事儿。因为在他们心里，已经形成了"不能跟父母讲，他们会生气"的思维定式了。父母用耐心来对待孩子，孩子会体会父母的关心和爱。只有做耐心的父母，孩子才能成为耐心的孩子。

家长对待孩子要有足够的耐心，抚养孩子本来就是需要耐心的事儿。如果缺乏耐心，遇事急躁，看到孩子做错事就大发脾气，不仅使孩子幼小的心灵缺乏安全感和被爱的感觉，还会影响孩子的心理健康。

✎ 倾听孩子的心声

很多孩子抱怨，他们的父母整天对他们唠叨个没完，吵得头都要炸了。我常听到孩子说："我爸妈好烦，无论我说什么，都会招来好几个小时的唠叨。我跟他们没啥好说的了。"

好多家长抱怨，他们的孩子总是把自己的话当耳旁风，说了一百遍一千遍还是相当于什么都没说。父母们经常抱怨说："他根本就听不进去我们说的话。"

沟通要靠语言，可是多数情况下，父母和孩子表示不愿意倾听对方的语言。父母说得多，是出于对孩子的关心，同时也是出于对孩子的不信任。家长说的目的是希望孩子听进去，结果却适得其反。父母说多了，孩子就会反感，就会不听。父母光顾着自己说，不去倾听孩子的想法，孩子怎么会听父母的话呢？所以我们应该反省，作为父母，我们是否说得过多，听得太少？

什么叫"倾听"孩子的心声？就是父母静下心来，认真听听孩子的想法。对"倾听"这个词下定义是如此简单的事儿，但真正做到"倾听"孩子心声的父母却少之又少。

我们当然愿意"倾听"孩子的心声，可是具体怎么操作呢？孩子的心思又不会主动跟我们说，如果家长太过主动去探听，反而让孩子觉得我们有不可告人的目的。实际上，在家庭生活中，倾听孩子心声并不难，只要父母掌握好与孩子之间微妙的关系。

爸爸下班回来了。小明凑到爸爸跟前问："爸，你明天干什么？"

"出去一趟，有点事儿！"

小明又问："什么时候回来？"

"不知道，去了再说。你管那么多干什么？"

"谁管你了？"

爸爸生气了："你这孩子怎么说话呢，语气那么冲！"

于是小明跟爸爸之间就闹起了不愉快。

可是小明最初的目的是想邀请爸爸第二天跟他去看他们都喜欢的球赛的，最后却变成了一场不愉快。其实小明最开始问爸爸"明天干什么"的时候，就隐藏着某种试探的意图。可惜爸爸根本就没发现这些，他的回答让小明不满意，爸爸无所谓的态度让小明感到爸爸不关心不在乎他。如果爸爸稍微注意倾听小明的心声，就会有不一样的对话和结果。

爸爸下班回来了。小明凑到爸爸跟前问："爸，你明天干什么？"

"我明天可能有点事。不过要是你有什么事需要我帮忙的话，我也有充裕的时间。"

"嘿嘿，爸爸，我明天想去看球赛。上次你不是说也想去吗？我刚好从同学那儿要到两张票。"

"真是好儿子，把爸爸说过的话记得那么清楚！"

你们看，跟孩子交流就是这么简单。倾听孩子的心声在日常对话中就做到了，根本用不着处心积虑地套孩子的话。

婷婷今年上六年级。最近，妈妈发现她经常一个人闷闷不乐，不再像往常一样爱说爱笑了。这天吃过晚饭，妈妈拉着她的手，说："婷婷这几天好像很不高兴。走！妈妈带你去公园散散步。"婷婷一路上都没说话。一直走到了一张长椅前，婷婷拉着妈妈坐了下来。看着女儿欲言又止的样子，妈妈说："婷婷，你长大了，人长大了都会有心事。我虽然是你的妈妈，但也是你最好的'朋友'。你有什么心事、什么困难都可以和我说说，妈妈即使帮不了你，也可以跟你一起分担。"

这时，婷婷似乎松了一口气，小声地说："妈妈，我总觉得这件事不太好说。怕您不理解，怕您生气。"妈妈笑了，说："傻孩子，妈妈也是从你这么大过来的，有什么不理解的？说说看。"婷婷想了一会儿，说："妈妈，您知道我的同桌乐乐吧？""哦，那孩子成绩很好。"妈妈回答。婷婷说："我们关系不错。可上周他突然说他喜欢我。我真不知道该怎么办了！"

妈妈这时才明白了婷婷这几天来情绪不好的原因。妈妈拍了拍婷婷的肩膀说："这也没什么大不了的，这说明你长大了。你愿意和妈妈说这件事，妈妈很高兴。再说了，有人喜欢你，说明我女儿好呗。妈妈高兴！其实，妈妈小时候也有过类似的经历。""是吗？"婷婷瞪大了眼睛。

"妈妈那个时候跟你差不多大。邻居家的一个男孩经常骑自行车去学校接我放学。开始我以为他是出于朋友的原因，才接我的呢。可是有一天他给我写了一封信……后来我给他回信了，告诉他我想要一个他这样的哥哥。再后来他就真成了我哥哥，我们一直都是比较好的朋友。直到后来搬家了才失去联系。婷婷，你现在也长大了，你也应该知道怎么处理这样的事情，对吧？妈妈建议你和乐乐说清楚，做朋友挺好的，可以互相帮助互相学习。但不能有其他的想法，因为你们还没有真正长大。妈妈相信乐乐能想通的。""妈妈，您真好。我开始都不敢和您说呢。"婷婷笑了。

倾听孩子的心声能让孩子更好地体会到父母的关心。父母善于倾听孩子的心声比唠叨更让孩子喜欢。

雯雯回到家跟妈妈说："妈妈，烦死了，老师每天留那么多作业，我一点儿都不想做了。"妈妈听到雯雯这么说，本想发火，但想到孩子说这话可能有原因，就耐着性子问她："为什么这么说呢？是最近压力太大了吗？"雯雯很委屈地跟妈妈说："昨天我花了很长时间才写完数学作业。可是今天早晨出门太急了，就忘记带了。到了学校我很明确地说了是因为着急忘带了，但老师依然认为我没写作业，罚我站了一节课。"

妈妈虽然了解老师罚站的原因，知道老师是为了让孩子长记性，提醒他们注意要按时完成作业。但雯雯当着全班的面被罚站，心里肯定难过极了。孩子一般比成人更要面子，在全班同学面前丢了面子，给雯雯造成很多不良的影响。这件事如果处理不好，可能会影响孩子的心理健康，搞不好还会令她产生厌学情绪。

妈妈对雯雯说："数学老师没弄清楚事实，就随便罚学生，这么做确实过分了。妈妈知道你现在很委屈。不想写数学作业了，是吗？"雯雯点了点头。妈妈说："咱们写作业不是为了数学老师写的，是为了自己巩固知识，提高成绩写的。你现在不愿意写作业，明天还想罚站一节课吗？"雯雯表示不愿意。妈妈安慰她说："很多老师在教育学生的时候，没有做到公正公平，实事求是。这件事是他没有做好。你要是为此事生气委屈，那大可不必。你要是真为了这件事不高兴，可就得不偿失了。这样做不是在用别人的错误来惩罚自己吗？我知道你被老师罚站，心里不高兴。但我们正好通过这件事来为自己提个醒儿，比如每天放学一定要把老师留的作业都记下来。万一哪天忘写了，不就正好被老师抓到实处了吗？再比如，早晨出门的时候，检查一下自己的东西是不是带全了。这么做就是为了以防万一，为了这样的不愉快再也不发生了。你说好不好？"雯雯点点头，写作业去了。

雯雯妈妈的做法避免了雯雯情绪的继续恶化，是比较恰当的处理。妈妈如果稍微没留意到孩子内心的不满与委屈，用唠叨代替倾听孩子内心的想法，就可能造成非常严重的后果。

作为好父母要注意倾听孩子的心声，不乱发脾气。只有注意倾听，才能走进孩子的内心，了解孩子的想法，才能引导孩子走上正确的道路。

✎ 引导胜于下命令

许多家长在教育孩子方面自以为有一套"好办法"，他们很明确地向孩子指出什么不能做，什么必须做。但在这样一套"好方法"下成长起来的孩子，要么特别叛逆，凡事跟父母对着干；要么没有自己的主见，父母说啥就是啥。

在培养孩子的过程中，我们是用下命令的口气让孩子必须做这个、不能做那个，指手画脚地干涉孩子，还是用孩子喜欢的方式通过讲道理培养孩子的兴趣来引导孩子懂得什么不能做，什么需要做？大多数家长的答案都会是后者。但在实际生活中，多数家长为我们展现的却恰好是前者。

孩子放学回家写完作业都喜欢看电视或者玩游戏，而家长为了孩子提高学习成绩都希望孩子在学习上多花时间，于是家长和孩子之间就出现了矛盾。为了不让孩子将时间浪费在看电视或玩游戏上，有的父母制定了奖励措施，以玩乐为诱饵，向孩子许诺，读了多少课文，背了多少单词，就给怎样的奖励，周末就能到哪儿玩。还有的家长用惩罚的手段迫使孩子读书，如果不按时做完什么功课，就要给予什么样的处罚。

上述家长的做法，无疑在给孩子下命令：你必须做什么、你不能做什么。这些方式看似有效，实则是将读书学习与获得奖励或者躲避某种惩罚联系在一起。孩子在这样的要求下，会把学习读书看做一件功利的事，长此以往，就会让孩子失去积极学习的动力。

诱导式教育，是指不直接下命令，而是用循循善诱的方式教育孩子，让孩子自己产生做某事或者不做某事的想法。

小美不喜欢数学，一碰上乘除法之类的算术就头疼。爸爸让她做算术题，她就又哭又闹，直到爸爸停下让她算题的想法。小美并不是从一开始就不喜欢数学的。小时候看到一只小鸟，两只小猫，她很快就能说出三只小动物这类的话。但上了小学之后，老师教她背乘法法则，她总是背不会，老师家长逼着她背，小美渐渐反感数学这门课了。

妈妈这天买了几把衣架，衣架是五个五个的包装在一起的。妈妈喊小美帮忙将衣架放到衣柜里。小美放衣架的时候，不停地说："一个五，两个五，三个五……"妈妈就问小美："两个五，是几个衣架？""十个。""那三个五是几个衣架？""十五个。"妈妈发现小美在生活事件中很愿意用数学知识，就经常以生活中遇到的算术题来诱导小美学习。

妈妈带小美到市场买菜的时候，经常有意识地让小美算蔬菜的价格："菠菜一斤3元，一斤半应该是多少钱呢？哎呀，我算不清。小美，快帮妈妈想想这个菜的价格。"这个时候，小美很快就能算出正确答案。经过妈妈一段时间有意用生活事件对小美进行训练之后，小美的数学成绩慢慢提上去了。

父母在生活中善于运用诱导式教育，不仅能让孩子自己产生学习的想法，还能启发孩子的思维，让孩子养成积极思考的习惯。

一个典型的案例是：一棵树上有十只鸟，一枪打死一只，还剩几只？

一大清早，小麻雀集中在明明家楼下的树上，唧唧喳喳地叫个不停。妈妈抓住机会问明明："如果树上有十只鸟，一枪打死一只，还剩几只？""九只。"

"可是其他的鸟又不是傻子，听到枪声，怎么不逃走呢？""那就一只不剩。"

"可是万一其中有只鸟又傻又笨，一头撞到了树干上，还剩几只？""两只。"

"鸟被枪打了，怎么还能站在树上呢？我问的是树上还有几只鸟，又不是问树下。""呃，树上应该没有了吧。"

"要是旁边树上的鸟儿听到了声音，慌里慌张逃命的时候，恰好落到了这棵树上呢？""这个……那就来了几只就有几只吧。"

妈妈说："这个问题需要考虑的因素太多，你要是能把我给你设的路障都排除了，不就只剩下你心里想的答案了吗？""我能问你问题吗？""当然可以啦。"

明明问："鸟里面有傻子吗？""没有。"

"旁边树上有鸟吗？""没有。"

"鸟里面有残疾的，飞不动的吗？""没有。"

"一枪能不能打死两只或三只吗？""不会，只能打死一只。"

"所有的鸟听到枪声都会跑吗？""当然会跑。"

"那我觉得如果鸟掉下来了的话，就一只不剩；没掉下来的话，就只剩一只。"

孩子的思维受到生活阅历、知识水平的限制，容易对事件考虑不够周全，父母经常用引导式教育，孩子在这些训练中会锻炼大脑思维，让他们在以后的生活中遇到事情有周全考虑的意识。

还有一个典型案例是：孩子跳过来，我接着你。

这一类教育，培养孩子在信任与挫败感之间的平衡能力，让孩子学会与人相处的相关知识。

明明七岁的时候，正处在活泼爱动的年龄，爬高爬低一刻都不想停。这天傍晚妈妈和明明出去散步，走到一个大约高一米左右的小土墩前，明明一定要爬到土墩上，妈妈阻止不了，好在土墩不高，就算摔下来，也不会摔伤。明明要下来时，低头看看土墩下面，不敢跳了。妈妈觉得这正是诱导他学习的好时候，就对明明说："别怕，宝贝，你跳下来，妈妈在下面接着你。"明明这才放心，往下一跳。

但是妈妈并没有像往常那样伸手接着他，任由明明摔到了地上。明明其实并没摔着碰着，见妈妈没有像以前那样重视他，心里委屈，哇地一声哭了。

妈妈说："明明乖，不哭了，妈妈不是不爱你，也不是想让你摔跤，妈妈只是想告诉你，以后如果有人对你说：'我接着你，你往下跳吧。'你就要好好考虑这些话是不是能够相信，你想想连妈妈这么爱你的人，都有可能没有伸手接着你，别人更有可能接不住你。所以孩子，你在所有时候都要坚强，要你有足够的判断力，这样你就会知道哪些话能信，哪些话听听就好，那么谁都不能再让你摔跤。今天咱们上的这一课虽然有点残酷，但你不必在意，因为在这个世界上，好人还是有很多，你只要记住，所谓害人之心不可有，防人之心不可无，知道吗？"明明若有所思地点了点头。

上面我们提到的这类教育方式就是诱导式教育，就是把需要孩子学习的深奥道理用启发的方式让孩子自己体会出来。这样的教育方式只要掌握得当，会达到事半功倍的效果。

✎ 多听听孩子的话

在生活中，我们经常要求孩子"听话"。"听话"与"顺从""服从"这类的贬义词不仅含义相近，在人们的行为表现中也有相同的特点。我们要求孩子听话，如果做得不当，可能会走向教育的误区。

父母要求孩子"听话"的结果，可能会让孩子性格扭曲，缺乏主见。

玲玲算是最听父母话的孩子了，她从不违逆父母的要求。妈妈让她多看作文选，她就把妈妈买回家的作文选都翻看一遍。爸爸让她上数学辅导班，她就去上，一次课也不落下。玲玲的父母为有玲玲这么个听话的孩子感到特别开心，他们经常在人前表扬玲玲的"听话"。这也让其他父母羡慕不已。

有一天，妈妈让玲玲去超市买盐，玲玲很"听话"地去了。不一会儿家里的电话就响了，原来超市有五种不同牌子的盐，玲玲问妈妈该买哪种。妈妈说："你想买哪种都行。你决定。"玲玲不知所措，迟迟不愿放下电话，一个劲儿问妈妈该买哪种，直到妈妈随便说了一种，她才拿着去结账。

爷爷生日快到了，爸爸妈妈工作忙来不及去买礼物，就让玲玲为爷爷挑选生日礼物。玲玲在商场转了整整一天，空着手回来了，她说，爸爸妈妈没让我买的东西，我不买。

这类的事儿发生多了，玲玲父母这才意识到事情的严重性。玲玲凡事都听父母的，没有任何主见，不知道自己决定事情。她过分依赖父母，事事都要过问父母的意见。在学校里，跟小朋友相处的时候，处处受委屈，任人欺负也不敢作声。

父母要求孩子"听话"，所造成的另一个结果是孩子极度叛逆，处处跟父母对着干。

多多自从上初中之后，似乎总是与父母对着干。有一天，多多一放学就打开电视看，妈妈对他说："作业写完了吗？先写好作业再来看电视。"多多说："看完再去。"等妈妈把饭做好了，多多却写作业去了。妈妈让他吃完饭再写作业，多多说："等一会儿，写完再吃。"等多多写完作业，饭菜都凉了。妈妈要去给他热一下饭菜，多多不让，妈妈却一定要去。两人争夺起了饭碗，在争执的时候碗掉在地上摔碎了，饭菜撒了一地。妈妈一生气，给了他一巴掌，多多说："我不吃了。"跑回自己的房间，锁上了卧室的门。

多多的父母一向要求孩子听话，多多这么跟他们对着干，他们很不开心。但孩子就是不听话，爸爸妈妈实在没法儿了。

经常要求孩子听话的父母是不民主的父母，因为他们从未意识到家庭平等观念的重要性。比起关心孩子爱护孩子，这类家长更重视的是自己的权威不被孩子挑战。家长们习惯了要求孩子"听话"，看上去是为孩子好，但其实这些表明了家长与孩子之间的不平等。

在民主、平等的家庭中，父母和孩子之间的关系是比较随和的，一方权威，另一方服从的现象比较少见。在这类家庭中，父母更愿意听孩子的话。

星期天佳佳跟爸爸妈妈一起去公园玩。公园里有美丽的风景、漂亮的花朵、好玩的摩天轮。爸爸说："我小时候由于家庭原因，没进过公园的门。特别羡慕那些能到公园玩的孩子。当时最向往的是玩一次旋转木马。所以我希望自己的孩子以后能开开心心地玩上这个游戏。"于是爸爸妈妈牵着佳佳准备去玩旋转木马。

可是佳佳的注意力根本就不在公园众多的游戏设施上，她的目光始终集中在水池旁边的台子上，一有机会就往那个方向跑。妈妈说："佳佳，咱们去玩更好玩的东西好吗？这个小台子可没有摩天轮那么好玩哦。"佳佳不听，她沿着水池旁的亭子到台子之间跑来跑去，很是兴奋。妈妈说："佳佳，爸爸想看到佳佳玩旋转木马，这个游戏可好玩了，有好多小朋友跟你一起玩。"佳佳依然不愿意离开，妈妈作势要生气。爸爸忙阻止妈妈，他说："佳佳喜欢什么咱们就玩什么。这个小台子对咱们来说可能仅仅是一个石头做的小水台，但在佳佳眼里，它的意义完全能赶上小时候我梦想中的旋转木马。"妈妈见佳佳玩得那么开心，也不想再去打扰她了。

孩子有自己喜欢的东西，在不涉及原则类的事件上，父母不妨听听孩子的话，毕竟孩子对自己的事情最有发言权。

"听话"的家长并不是凡事都对孩子言听计从，而是有自己的底线。对于孩子粗暴无礼、放肆散漫的行为，父母必须对孩子说"不"。父母过分地听孩子的话，就是纵容、溺爱。恰当的"听话"能培养民主的孩子，纵容溺爱却只能教出颐指气使的暴君。

　　三岁的乐乐是家里的小皇帝，什么都得他说了算。他让爷爷为他搬小凳子，爷爷动作稍微慢了点，乐乐就不愿意了，哭了半天怎么都哄不好，最后还是奶奶急得骂了爷爷，乐乐才停止了哭声。他让爸爸陪他玩"骑马"的游戏，爸爸只能放下手里的工作，不敢稍有怠慢。妈妈送他上幼儿园，他在幼儿园门口死活不进去，不停地嚷着要吃冰淇淋，妈妈说："小朋友都没有吃，现在才刚刚早晨，吃多了凉东西会肚子疼的。"乐乐执意要吃："我就要吃就要吃。"他大哭着并且使劲儿跺着脚，把书包狠狠扔在地上，不肯进幼儿园。妈妈只能顺从他。

　　可想而知，乐乐现在的表现，很可能是父母对他过度溺爱的结果。从他任性地向父母索要第一件东西时起，父母就本着事事以他为中心的原则，宠着他、溺爱他，凡是他要的没有不给的。长此以往，乐乐变得自私自利，对父母提的要求越来越多，只要父母不能立刻满足他，他就开始大嚷大叫、大哭大闹，非得逼着爸爸妈妈马上满足他的要求不可。

　　上面案例中的乐乐是典型被溺爱的对象，他对父母长辈的不尊重反映了父母无论什么事都向他妥协。这类父母最大的缺点就是"太听话"，什么都听孩子的，没有原则、没有基本的尊卑观念。这样的孩子不懂得尊重父母，他们眼里的父母长辈只是用来满足自己对食物、玩具欲望的索取对象。

　　有一个真实而惨痛的事件，据《南方早报》报道，有一个被全家宠坏了的孩子有一天跟爷爷玩儿，拿起桌上的牙签，就要去戳爷爷的眼睛。爷爷不让，他就大哭大叫，一刻都不停下来。爷爷只好让他戳。一戳，一只眼睛就被戳瞎了。结果孙子还不满意，硬要再戳另外一只，爷爷拗不过他，只要让他再戳，结果老人两只眼睛都失明了。

　　上面我们讲到的是一个惨痛的案例，爷爷为什么要顺着孙子？为什么孙子能如此狠心？我们对此无从回答，但从中可以得出一点教训就是，不能溺爱孩子。溺爱的结果就是孩子没有好坏之分，这样所造成的最终结果是我们无法承受的。

✎ 做孩子的好朋友

好朋友是能一起玩一起闹，互相说心里话，彼此关心彼此谅解的人。孩子在日常生活中有喜欢的玩伴，在学校里有喜欢的同学，他们都是孩子的好朋友。

孩子和朋友在一起时总是很开心，他们相互分享各自的秘密，聊着彼此都感兴趣的话题，总有说不完的话。可大多数孩子跟父母在一起时的情形却恰恰相反，父母唠唠叨叨，对孩子的行为和做法表示这也嫌弃，那也不满。孩子要不就一声不吭，心里暗暗反感；要不就直接顶嘴，惹来冲突。

父母才是孩子最亲密的人。为什么孩子能跟别人成为朋友，就不能跟父母成为无话不谈的好朋友呢？

我们见过不少父母和孩子之间关系融洽的家庭。爸爸妈妈跟孩子有共同的话题，相互理解，家庭气氛温暖和乐。

图图的爸爸妈妈都不喜欢逛街，他们家大多数日用品都是从网上订购的。可是女儿图图跟他们的喜好就不一样，图图很喜欢逛街。爸爸妈妈并没有用自己的标准去要求图图，相反，他们经常帮图图约邻居的孩子陪着她一起逛街。爸爸认为学习之余逛逛街没什么不好，孩子通过逛街可以了解时尚动态，培养审美眼光，还能锻炼身体呢。图图是个很有节制的孩子，她从不乱买东西。有一天妈妈给图图钱，让她给自己买件衣裳。最后图图又捏着钱回来了，妈妈问她为什么没买衣裳。图图说："街上的衣裳虽然好看，但都不适合我，我还是喜欢自己平时穿的那几件。再说，今年妈妈已经为我买了好几件了，再买就太奢侈了。我能用这些钱买套名著吗？"妈妈听图图这么说，感到很欣慰。

图图上初中时迷上了计算机游戏，爸爸为此很是着急，但他们知道不能随便批评孩子，不然稍微没把握好分寸，图图很可能用游戏来表示自己的不满，花更多的时间玩游戏。爸爸妈妈一直想跟她谈谈，可没找到合适的机会。由于图图对计算机游戏很上瘾，每天花在读书学习上的时间就少了，自然会影响学习。

这天图图回到家一脸沮丧，在她的小桌子前暗暗掉了好一阵儿的眼泪。吃饭的时候，爸爸朝妈妈使了个眼色，妈妈会意，问她："图图，我听王阿姨说你们期中考试成绩出来了。你上次跟我说这个阶段学的东西很简单，图图那么聪明，一般的考试肯定难不住你。"图图又流下了眼泪，哽咽着说："妈妈，是我不好，我这次考得很不好。"妈妈说："别哭，一个考试而已，说明不了问题的。我们图图那么优秀，只要找出没考好的原因，加以改正，下次考试照样能把败局扳回来。"图图点了点头。

这以后，图图很少再玩计算机游戏了，她每天回家第一件事就是先做功课，为了弥补前段时间玩游戏落下的功课，图图经常学习到很晚，直到妈妈催她，她才休息一会儿。后来，妈妈故意问图图为什么不玩游戏了。图图说："刚开始是因为打游戏影响了学习，我为了把自己以前没弄懂的地方吃透，全部心思都放在看书学习上了，哪还想得起玩游戏呢。后来想到电脑游戏，觉得自己那段时间傻得不可思议，怎么就那么喜欢玩那个了呢？就再也不想玩了。"

关于图图迷上计算机游戏这件事，爸爸妈妈没对她说过一句批评的话，但图图自己就转变过来了。我认为这件事得到很好的解决跟图图父母的教育方式有关。他们对孩子给予了充分的信任，遇到事情时并没有不分青红皂白骂孩子，而是循循善诱，让孩子自己去发现错误，改正错误。如果图图的父母也跟其他家长一样，因为这件事不停地在孩子耳边唠叨，只会让图图对父母的话产生反感，在游戏中越陷越深。

父母们见到孩子跟爸爸妈妈相处融洽的家庭，都会很羡慕。我想其中不少父母心中都在打鼓了吧：为什么我的孩子跟我关系不好，不是顶撞就是胆战心惊。我的孩子怎么这么不懂事，不知道和父母相处，总喜欢跑出去找那谁玩，回家就知道说谁谁的父母好。甚至有的父母心里会恨恨地想，你要是觉得谁好，你就到他家去好了，你爱跟着谁就跟着谁，等把别人惹恼了，我看你怎么办？

孩子有自己的感觉和判断，谁对他们好，谁理解关心他们，他们自然会亲近谁。父母们为了让孩子朝自己预期的方向走，难免操之过急。一旦孩子犯了点小错，父母就一顿批评，自己满肚子气不说，还让孩子心中委屈不已。孩子怎么还会想跟自己的父母做朋友呢。

怎么才能跟自己的孩子做朋友呢？我想最首要的条件是，父母先收起自己身上的刺，用温和平静的态度对待孩子身上出现的各种问题。遇到事情，不打不骂，才是正确的跟孩子相处之道。

　　我上大学的时候有一次坐火车，遇到一对母子。孩子五六岁，和妈妈挤在一个位置上。坐过火车的人都知道，火车的硬座位置很小，一个人坐下刚好，稍微想换个姿势就觉得挤了。那小男孩个子不小，早就超出了免票的标准了，但他妈妈为了省下几百块钱，硬是把本该两个人坐两个位置的硬性条件改成了挤在一起。

　　我坐在他们对面，开始的时候，小男孩还能老老实实地坐在妈妈腿上。过了一个多小时，就在我觉得自己的腿开始酸了的时候，小男孩也开始坐不住了，他在妈妈腿上扭来扭去，安静不下来。他妈妈大概也觉得累了，于是就责骂他不懂事："我抱着你，累得不得了，你怎么一点儿都不懂事啊，你动个啥啊，不许动了。"小男孩不敢回嘴，但表情明显不屑一顾。他们旁边的大叔人很好，看出这对母子的辛苦，就往边上挪了挪，腾出一点位置，让小男孩屁股也挨着了座位。小男孩的脚着了地，可了不得了！因为硬座的空间小，没什么伸腿的地方，所有人都是屈着腿坐着。这小孩可能感觉自己的腿没地方伸了，就开始乱蹬。他根本不管是不是踩到了谁的脚或者踢到了谁的腿，反正只要自己舒服就行了。大家都很不满意，但对方是个小孩子，也不好说啥，本着礼貌的原则没有人吭声。小男孩踢着腿，啃着苹果，更兴奋了，竟一脚踢到了她妈妈。他妈妈可跟我们不一样，破口大骂了起来，并狠狠地给了小男孩一个嘴巴。小男孩哇哇大哭，苹果也滚到了地上。

　　我心里很不赞成这位妈妈的做法，但她那么彪悍，请大家原谅我的懦弱，我不敢吭声。我看着小男孩哭了很久，他妈妈打了他之后只顾着睡觉，根本就不理他，更别提哄他了。小男孩哭了一会之后，虽然脸上依然挂着泪，腿却踢得更起劲了。

　　车上无聊，我就跟他聊了会儿。我说："你妈妈给你买了那么多吃的，对你可真好啊。"小男孩说："她嫌我闹腾，想让我多吃东西，少烦她。"

　　"我也买了不少吃的呢，你看这个食物的袋子上还画着喜羊羊呢。""喜羊羊有什么好的，我才不喜欢喜羊羊呢。""咦？真的啊？喜羊羊那么有名，你居然能不喜欢他，你跟其他的孩子很不一样呢。我也不怎么喜欢看这种动画片，我觉得有些幼稚了。你是为啥不喜欢看呢？""切，喜羊羊那么幼稚，我才不看呢。"可是他明显对我手里画着喜羊羊的食物袋子很感兴趣，目光不停地朝那儿扫。

我把喜羊羊递了过去，他很开心地收下了。我又问："那你喜欢哪种类型的动画片？"小男孩儿回答不上来了，我知道那是因为他根本没看过什么动画片。我就问他："你平时看电视都看什么类型的节目？""我看的可多了，比你多。我跟着我妈看，她看的东西杂，我也看的杂。""啊，你跟着妈妈看电视啊，那多没意思，我都跟我妈看不到一块儿去呢。""切，你能看个啥！"

之后，我才发现他那句"你能看个啥"、"你能知道个啥"是他妈妈训他的口头禅，他只要一想干什么事，他妈妈总要说他逞能，训他："你能干个啥，让开，别浪费我的时间。"

他这个年龄的孩子本该被父母宠着的，可是他妈妈居高临下地压在他头上，不让他看动画片，不让他跑出去跟别的孩子玩儿，不让他做他喜欢的任何事。我真的很担心他的未来会不会变成个什么都不会做的人。

我之所以把这件事写出来，不是为了责怪这个孩子，而是想分析一下这位母亲的行为。看到她的样子，我很为这个孩子的未来担忧。在这样的妈妈的教育下，他很难不变成个粗鲁、野蛮、不讲道理的人。他妈妈在他眼里完全是个暴君式的存在，他以后难免不想早早地离开她，对她反感讨厌，怎么还想跟她成为好朋友，什么都跟她说呢？

对孩子不打不骂，凡事用商量的语气平等跟孩子对话，孩子渐渐会跟父母建立一种和谐的相互信任的关系。

"好朋友"式的家长对孩子的健康成长很重要。一个在和谐温暖家庭成长起来的孩子，很容易就培养起美好的性格特征。温和、善良、善于交往沟通、善于解决问题、不走极端、不任性等这些美好的性格特征比较容易出现在这些孩子身上；而那些在父母非打即骂的家庭长大的孩子，性格往往偏激、固执、小心眼、容易仇视父母和社会。

✏ 收起你的虚荣心

小区里一位家长眉飞色舞地说："我家孩子考试得了第一名。他画画还获了奖，老师可喜欢他了。"其他家长都开始说着赞美的话，顺着这位家长表扬起她的孩子，她听了更是喜上眉梢。可其实这些父母面子上却有些挂不住了，心里更是恨恨地想着自己家里那个不争气的为什么不给自己长脸，让自己这会儿这般委屈。可想而知，这天晚上又有多少孩子要遭到父母的抱怨与打骂了。

你可能会觉得上面这位家长炫耀自己孩子的成绩给其他人听不太厚道，孩子刚取得了一点儿成绩，家长恨不得让全天下都知道，这家长可真是够要面子的。但这一幕每天都在上演，在学校门口，在接孩子回家的路上，在补习班大门前，这一幕早司空见惯了。

父母们相互之间进行攀比，是虚荣心在作怪。虚荣心是个邪恶的东西，在它的驱使下，人们收起了本该融洽和谐的关系，开始变得面目可憎甚至可恶。

仔仔要上小学了，现在他得选择就读学校。他的成绩一向不是很好，能考上一所一般的中学就很不错了。但是仔仔的妈妈见到邻居家的孩子都进了重点中学，她也想把孩子送入当地的重点中学。仔仔的老师建议她说："仔仔这孩子的基础不好，自尊心却强。非让他到重点中学的话，如果他学习跟不上，可能会伤害他的自尊心。他到一般的学校打好基础，好好学习，考个好大学还是可以的。"但仔仔的妈妈却不这么认为，她跟仔仔说："你看邻居张阿姨的儿子去年考上了某某中学，全家都为他感到自豪；邻居李奶奶的孙子也考上了某某重点，他们的爸爸妈妈走到哪儿腰板都能挺得直直的。你也要争口气，一定要上个重点中学，给爸爸妈妈长个脸。可千万不要随便上个中学就算完了，不然爸爸妈妈会被人嘲笑，人前人后都会抬不起头来。"但仔仔对此很反感，他最受不了妈妈的虚荣心，一听妈妈这么说，扒拉了两口饭，就回房间去了。

妈妈知道按仔仔的成绩，肯定考不上重点中学，于是到处找关系，托人把仔仔送到了市重点，为此仔仔家还给学校交纳了大笔的赞助费。

可是仔仔在学校里过得并不好，他周围都是成绩好的学生。老师上课进度太快，他根本就消化不了，别的学生都说简单的题，他却还要啃好久的书才能弄懂。仔仔在学校过得不好，回到家还要被爸爸妈妈训斥。妈妈总说他不能成绩太差，否则会被别的家长瞧不起，她关心的只有自己的面子。半年下来，每次考试，仔仔的成绩总是在年级倒数第一。妈妈只会唠叨他，逼他。他很痛苦，变得不敢说话，在同学面前抬不起头，精神越来越不好，不久就住进了精神病院。

晴晴的学习成绩很好，她妈妈一向以她为自豪。晴晴很喜欢妈妈，在她高考前的那段时间，妈妈为她忙里忙外，她知道妈妈待她好，很感动。可是晴晴在考场发挥失常，最后只能上一所二流大学。妈妈的同事李阿姨的儿子却考上了重点大学。妈妈突然感到自己矮了一大截，变得沉默寡言起来。回到家总是唉声叹气，乱发脾气，责怪女儿不争气。

晴晴高考失利本来已经够难过的了，发现妈妈竟然如此虚伪爱面子，原来妈妈对她的爱都是有条件的，她感到非常伤心。

晴晴上了大学之后，无论在学习上还是其他事情上都很优秀，经常获得学校的奖学金。妈妈突然又觉得女儿懂事了，对她的态度又发生了变化。但晴晴自入学以后就很少回家了。妈妈几次想到学校看她，她都不同意。甚至有一次妈妈都到了学校门口，晴晴也不愿意见妈妈。她依然为了当初妈妈的虚荣心而耿耿于怀。晴晴的妈妈现在一提起这件事就伤心落泪，后悔自己当初的虚荣。

王安石曾写过《伤仲永》，讲述了他家乡有个名叫仲永的小孩子，从小才华出众。仲永五岁的时候就能写出很好的诗歌来。同乡的人指定一件事物让他作诗，他很快就能写出来，而且还很有文采。仲永家乡的人都对仲永的才华感到好奇，渐渐地由于重视仲永而请他的父亲到家里做客，并有人出钱请仲永写诗。仲永的父亲听到别人夸奖仲永，心里就像涂了蜜，开心得不得了。他根本就没想过要培养仲永的才能，让他继续深造，而是认为自己有了面子，脸上有光彩了。受到虚荣心的驱使，仲永的父亲每天带着仲永拜访完这一家，又跑到那一家去做客。仲永由于父亲的虚荣心和卖弄心，没有时间和精力好好学习知识，到了十几岁的时候作诗的才能已经大打折扣了，到了二十岁左右的时候，作诗的才能完全消失了。

有句古话可以形容中国父母对孩子的期待心理，那就是"望子成龙、望女成凤"。父母希望孩子出人头地，在事业上呼风唤雨、在人前高高在上，这样的孩子才算是不辜负父母的培养之恩。但这种观念却暴露了父母的虚荣心，他们把孩子当做值得炫耀的物品，而不是真正的爱孩子，不是出于关心他们的心理健康，希望他们的生活平静幸福。

我们经常见到这样的现象，家长逼着孩子报名参加钢琴培训班、舞蹈特长班。家里来了客人，家长就让孩子出来表演一番。客人出于客套恭维几句，家长就开始飘飘然了，似乎脸上特别有光彩。家长把孩子的考试成绩看得特别重，一旦孩子没考好，就觉得孩子丢了自己的面子，回到家就对孩子挖苦讽刺；孩子没考上大学，本来已经够伤心的了，可是家长觉得该伤心的是他们，对孩子冷言冷语。一旦孩子稍微有点成绩或者考上了好一点的大学，家长又觉得长了面子，处处向人炫耀。

瞧，好像我们的家长关心的只是自己的面子，谁还会去关心孩子生活得幸不幸福，过得快不快乐呢？在这样的家庭里，孩子怎么能感到温暖，成长为一个心智健全的人呢？父母只有收起虚荣心，真心去爱孩子，为孩子着想，才能让孩子健康快乐的成长。

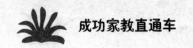

三、营造温馨的家庭环境

国外的一位儿童教育专家从十八个方面讲了孩子的生活环境给他们造成的对应性影响，她说：如果一个孩子生活在批评之中，他就学会了谴责；如果一个孩子生活在敌意之中，他就学会了斗争；如果一个孩子生活在恐惧之中，他就学会了忧虑；如果一个孩子生活在怜悯之中，他就学会了自责；如果一个孩子生活在讽刺之中，他就学会了害羞；如果一个孩子生活在嫉妒之中，他就学会了嫉妒；如果一个孩子生活在耻辱之中，他就学会了负罪感。

如果一个孩子生活在鼓励之中，他就学会了自信；如果一个孩子生活在忍耐之中，他就学会了耐心；如果一个孩子生活在表扬之中，他就学会了感激；如果一个孩子生活在接受之中，他就学会了自信；如果一个孩子生活在认可之中，他就学会了自爱；如果一个孩子生活在承认之中，他就学会了奋斗；如果一个孩子生活在分享之中，他就学会了慷慨；如果一个孩子生活在诚实和正直之中，他就学会了真理和公正；如果一个孩子生活在安全之中，他就学会了信任；如果一个孩子生活在友爱之中，他就学会了爱；如果一个孩子生活在真诚之中，他就学会了诚实。

作为父母，你打算让自己最爱的孩子生活在哪种环境中？

✎ 吵架莫当孩子面

钱钱刚上小学一年级，内向、胆小、不敢跟人交往，不敢看别人的眼睛。钱钱每天都过得不开心，因为爸爸妈妈经常吵架，而且吵得很凶。有一次，爸爸给

　　了钱钱一颗糖。钱钱正开心的时候，妈妈突然一把抢过糖，开始责怪爸爸为什么给他糖吃，妈妈说钱钱还小，正在换牙，不能给他糖吃。爸爸说那么久没吃过，就今天吃一颗怎么会影响换牙呢。妈妈就把爸爸以前给钱钱糖吃的事情全部翻了出来。他们越吵越凶，声音也越来越大。钱钱很害怕，同时自责，认为都是因为自己爸爸妈妈才吵起来的。

　　钱钱经常梦到爸爸妈妈不要自己了，因为自己贪玩是他们经常吵架的原因。有一次钱钱做梦，梦到爸爸跟妈妈又因为自己吵起来了，最后竟然还大打出手，钱钱拉不开他们，只能哭着求他们不要吵了，可是爸爸妈妈依然没有停下。钱钱哭着从梦里醒来了。

　　钱钱被爸爸妈妈的吵架吓坏了，每次他们吵架的时候，他就躲在角落里一声都不敢吭，心里无助极了。

　　妈妈最近发现钱钱开始说脏话、打玩具熊，表情和语气都是恶狠狠的。妈妈对钱钱的行为感到很不理解，她害怕钱钱这样发展下去，会出问题，劝他不要这样，钱钱说："爸爸妈妈吵架的时候也是这样的，我以后不要结婚，因为结婚之后会吵架，我不喜欢。"妈妈回想到前两天因为一件小事跟爱人大吵了一架，由于双方太激动，差点动手打起来。没想到给钱钱造成了这么不好的影响，妈妈这才意识到问题的严重性。

　　齐齐的父母经常吵架，吵到不可开交，爸爸妈妈谁都不理谁，会冷战好几天。妈妈每次吵完架都要跟齐齐诉苦，向他诉说爸爸的坏处，往往还要牵扯出很多旁的人和事。妈妈带着怒气的诉说给齐齐造成了很不好的影响。他真的以为爸爸不爱他和妈妈，爸爸不仅没有能力承担家庭责任，还在外面任人欺负不敢反抗，把所有怒气发泄到家里来，把妈妈和他当做出气筒。他越发地不喜欢爸爸，见到爸爸就躲开。他还为妈妈诉说的各种家里和社会上的不顺心事儿发愁，担心他们解决不好又要吵起来。齐齐幼小的心灵过早地面对了成人世界的烦恼，增添了许多不必要的负担。

　　晚上睡觉前，妈妈会准时给齐齐讲童话故事。这天妈妈讲到了"幸福"这个词，齐齐问妈妈什么是幸福。妈妈说："幸福就是很开心、温暖的感觉。就像你考试考了一百分那样的感觉。"齐齐说："我不开心，也没有感到温暖，童话故事里说得都不对，根本就没有幸福这回事。"妈妈不理解齐齐这么小怎么有如此悲观的想法。妈妈问他："为什么没有幸福？""反正就是没有，我知道。"

不要以为父母吵架对孩子没什么伤害，父母吵架会给孩子造成不可磨灭的坏影响。研究发现，五个月大的婴儿已经能够对别人的情绪状态做出反应，听到针对母亲的愤怒话语后会特别敏感，即使听得再多也无法适应。六到十二个月的婴儿即使在睡着时，大脑依然会对愤怒的语调有所反应。

在孩子的心中所有的温暖、依靠都来自父母，如果连父母都不顾及孩子的感情而吵架，孩子对父母的依赖感将无所寄托。父母当着孩子的面吵架，会给孩子造成坏的影响包括：使孩子的情绪受到强烈的冲击，令孩子产生恐惧、焦虑、悲伤、无助等消极的感觉；使孩子缺乏安全感，整日生活在恐惧之中；影响孩子的个性健全发展，孩子感情冷漠，对他人缺乏信任，为人刻薄，爱挑剔，脾气暴躁或者性格内向、压抑、容易退缩、对外界事物丧失兴趣；父母吵架给孩子提供了攻击性榜样，孩子很容易就学会了父母在吵架时的神态、语气、用语，以为吵架、打架才是解决问题的办法；生活在充满冲突的家庭中，孩子不能很好地和他人建立恰当的人际关系，容易陷入交往障碍。

家长以为孩子不懂事，就肆无忌惮地吵闹。殊不知，这样会给孩子幼小的心灵造成多大的创伤。生活在和谐家庭的孩子是多么幸福，他从小到大几乎没见过爸妈吵架，时常能听到父母聊天所发出的低低的笑声，孩子在平和安乐的环境中长大，内心自然平和安乐，他们往往在各方面都很优秀。而整天生活在怨气冲天，吵骂不停，牢骚一堆一堆的环境中的孩子，往往极度自卑，性格扭曲。

欣欣的父母也吵架，但是欣欣并不为爸爸妈妈吵架而烦恼。因为他们的吵架方式让欣欣感觉还是可以接受的。比如今天欣欣回到家，爸爸在写工作报告，妈妈在准备晚餐。不一会儿，厨房传来阵阵的饭菜香，欣欣的肚子叫了起来。妈妈喊道："欣欣，吃饭了；欣欣爸，吃饭啦。"欣欣赶紧到了饭桌前，但爸爸却还在忙着自己的事儿，迟迟不出来。妈妈很生气："什么工作那么重要？饭也不吃，你到底怎么啦？"爸爸放下手里的工作，说："今天必须要做好，明天一早就要用的。"妈妈说："那也不能不吃饭啊！"爸爸："我就晚了一会儿才出来而已，至于吗？"妈妈更生气了："你工作辛苦，我就不辛苦啊？我每天忙完工作还要忙家务，忙完家务还要熬夜忙工作，我为了工作上的事儿拖延过做饭、做家务吗？"爸爸一看妈妈发火了，赶紧抚慰她的情绪："对不起，对不起，是我的错，我以后再也不让工作影响家庭正常作息了。快别生气了，欣欣还看着呢。"妈妈听到爸爸承认了错误，并且还保证下不为例，就不再生气了。一家人开开心心地吃了晚餐。

父母不是不能吵架，但要注意吵架的方式。良性的吵架不但可以激活婚姻，还能给孩子上重要一课。

父母吵架尽量别为了孩子，孩子年幼时不能马上理解爸爸妈妈吵架的内容，但听到自己的名字被反复提及，会因此而感到恐惶，以为是自己做得不好，才让他们生气，孩子会自责自卑。父母在孩子面前不能口不择言。父母是孩子模仿的对象，父母在吵架时的语气动作会对孩子产生影响。爸爸妈妈即使情绪再激动也一定不要说脏话，因为这样不仅破坏自己在孩子心目中的慈爱形象，还会给孩子树立一个不好的模仿对象。父母是孩子最信赖的人，如果看到他们动手相互伤害对方，他会紧张，恐惧无助。

父母吵架应该是为解决一件事情，而不是为了互相发泄自己的不满。如果不幸吵架被孩子看到了，父母双方都有责任在孩子面前相互道歉，想办法和好如初，不要让孩子产生恐惧。

✎ 少些责备多关爱

球球很苦恼，爸爸妈妈根本就不理解他的感受，常常责骂他。这段时间，爸爸工作不顺利，家里的经济出了问题，球球为此很担心，不知道自己该做些什么。他想自己也是家里的一分子，也该承担一部分家庭经济责任。他看到小区卖糕点卖水果的叔叔阿姨，用自己的糕点水果来换钱，就把自己的玩具和家里的小东西拿出去卖。学校里的小朋友都很同情他，大家纷纷掏钱来买他的东西。

这天，妈妈要剪指甲，却怎么也找不到指甲剪。一问才知道原来球球把指甲剪给卖啦。妈妈很生气，就批评球球，说他不知道过日子辛苦，爸爸妈妈已经很拮据了，他总嫌零花钱不够用，为了一块两块的零花钱就把家里重要的东西卖了。球球很委屈，他明明是因为看爸爸妈妈辛苦，想用自己的办法减轻家里的经济负担，可妈妈不仅不理解他，还误解他，说他自己想花钱。球球一方面担心家里，另一方面觉得受到妈妈的责骂很委屈，花在学习上的心思少了，成绩有些下滑。

昨天球球数学考试成绩出来了，他考的很不理想，爸爸妈妈本来就为工作的事情烦心，觉得儿子在这个时候不知上进，还总给自己添麻烦。爸爸一怒之下打了球球一巴掌。球球委屈极了，躲在小房间里哭了一晚上。

球球的父母在亲子教育上明显不及格。面对孩子不合常理的举动，他们没弄清楚孩子的想法就开始责骂甚至打他。球球父母这样的做法不是让孩子受教育，而是让孩子在家庭教育中伤痕累累。

父母们在看待孩子的事情时，态度出奇的一致，他们认为缺点都是孩子的，父母这么用心的教育督促，孩子却无动于衷，不思进取，都是孩子不好。可是我们却常看到在一件事情中，父母过于求全责备，没有给予孩子必要的关心和爱护。

小小家里最近迷上了一部电视剧，这部电视剧一般要演到晚上十一点多，小小每天晚上也跟着爸爸妈妈一起看。平时小小晚上九点多就上床睡觉了，可是为了看电视，就牺牲了睡眠时间。爸爸妈妈并未就睡觉时间的问题对他做任何批评。但是小小晚上睡眠不足，白天上课时必然受到影响，班主任李老师发现最近一段时间，小小经常在上课的时候睡觉。这天爸爸来接小小放学回家，李老师找他谈了一会儿话，建议他多让孩子休息，别老让他看电视。

本来只是平常的事儿，谁知道小小爸爸立刻拉下脸来，严肃地质问小小说："你怎么回事？为什么要上课的时候睡觉？你不知道上课时间是用来学习的吗？你要是耽误了学习，回家看我怎么收拾你。"小小吓得不得了。

小小的父母不知道如何教育孩子。在需要管教孩子的时候，他们只顾自己看电视，对孩子耽误了休息时间去看电视不置一词。可当孩子在课堂上出问题时，爸爸又把所有的错误都推到了小小头上，责怪他不好好学习。孩子年纪还小，不知道自己掌控每日的作息时间，这时候就需要家长来督促他们，为给孩子建立良好规律的作息时间去细心提醒他们什么时候该做什么事情，而不是在老师提醒家长需要关心孩子休息的时候，对孩子责骂威胁恐吓。责备不是解决问题的办法，责备只会让父母和孩子的冲突越来越严重。孩子的内心渴望得到家长的认可，好孩子是夸出来的而不是责骂出来的。

孩子的内心极为脆弱，很容易受到伤害，尤其是这伤害来自于父母。平时父母应该用温和理解的方式去和孩子沟通。就算他们犯了错误，家长也不能不分青红皂白地劈头盖脸一顿批评了事。作为家长，我们的孩子犯了错误，首先要做的是稳定情绪，让自己的心态尽量平和。我们在工作中，在跟其他人接触的时候，谁都知道冲动发火不能解决任何问题，反而会使事情更加糟糕。面对孩子，父母更要记住这条原则。当我们的心态平和下来，能够用正常的态度面对孩子的时候，再去探究孩子犯错误背后的原因。孩子做任何事情都有原因，需要父母关心他们，弄清楚他们犯错误背后的原因。

以前听过一个小故事。有一个小孩上幼儿园了。一天，老师找到他妈妈，对她说："你的孩子可能智力有问题，他根本就坐不住，也不听老师的话。"妈妈听了之后很伤心，但看到孩子之后马上擦干了眼泪，对孩子说："孩子，老师夸奖你上课表现很乖，你要继续加油哦。"孩子以后上课，果然改正了很多。

孩子上小学之后，小学老师也找了孩子的妈妈，说："你的孩子上课不认真，成绩不理想。"妈妈听了之后，心里依然很难过，但见到孩子之后，她却说："你老师说你其实挺聪明的，只是需要下点工夫。"孩子回到学校后，在学习上开始努力了。

孩子上初中的时候，老师又找来妈妈，妈妈以为老师又要说自己的孩子多么笨多么不行了，没想到老师却说："如果你的孩子不努力，考重点中学可能没有希望。"当孩子问妈妈老师说什么的时候，妈妈说："老师说，如果你再努力一些，考重点中学是没有问题的。"果然孩子考上了重点中学。

故事的最后是这个孩子考上了全国最高学府清华大学，孩子在谈到自己成功经历的时候，非常感激自己的妈妈。

翻开一些杰出人士的成长史我们会发现，他们都有一个共同点，就是在小的时候父母对他们的关爱，对他们事业及人生的影响。这些父母大多数没有受过高等教育，甚至有些目不识丁，不能在孩子的学业上有所帮助。但他们却以自己的人格与爱不断地感化着孩子，以身作则地教育孩子怎样为人处世，这些潜移默化的影响决定着孩子人格品性的形成。

巴金的母亲陈淑芬，聪明好学，在私塾读过几年书，喜欢唐诗宋词，为人谦和，品性善良。她总是用温和的口吻对巴金说："你是一个多么淘气的娃娃！"但她却爱极了这个淘气娃娃，从没骂过他。

巴金曾说母亲是他的第一位老师，教会了他"爱"。母亲不但爱她的孩子们，对下人也都充满了怜爱。有一次，巴金的哥哥尧林为了一件小事，以小主人的身份痛骂了丫头香儿，还动手打了她。母亲温和地对尧林说："丫头同老妈子都是跟我们一样的人，即使不对，你也应该好好对他们说，怎么能张口就骂，动手就打呢。我不愿意你是这样的人。"直到尧林明白了才让他去玩儿。母亲经常教育他们说："要爱一切人，不管他贫或富；要帮助那些在困苦中需要帮助需要扶持的人，要同情那些境遇不好的婢仆，怜恤他们，不要把自己看得比他们高……"

直到母亲快要去世之前，还关心着孩子们。巴金每次和哥哥去房间看她，母亲总是流着泪，关心地问："饭吃过了吗？添一碗没有？""功课做好了吗？书背熟了吗？""澡洗了没有？衣服脏了，该换了吧？""淘没淘气？做什么游戏了？"

从母亲那里，巴金领会了爱和关心的全部含义，享受了爱，认识了爱，知道了要把爱分给别人，分给世界。这爱使他把自己和这个社会联系起来。巴金称母亲为"第一个先生"。

父母是孩子的第一任导师，好父母胜过几百位好老师。父母对孩子付出的关怀与爱，是孩子人生道路上取之不尽的温暖源泉。不要让你的爱变成批评和指责，给孩子造成伤害；不要让你的爱包裹在严肃的表情和严厉的话语中，让孩子无所适从。我们既然爱着自己的孩子，就让他们在理解与爱的环境中健康成长。

✏ 改正缺点哪有那么难

孩子身上或多或少都有一些缺点，一般家长在面对孩子"屡教不改"的毛病时都觉得无法容忍，动不动就对孩子发脾气，甚至打骂孩子。家长的这种做法不仅不能帮助孩子改正不良的习惯，反而会让孩子反感，让孩子产生逆反心理。

父母面对孩子的缺点时，只需要告诉他这是缺点，那样做是不好的，让孩子知道自己的缺点在哪儿就好。孩子的自尊心很强，自己也不喜欢身上的缺点，他自己会主动想要慢慢改正。

小薇成绩好，性格开朗，很是可爱，班上的同学和老师都很喜欢她。老师就把早自习的领读任务交给了她。可是她在领读的时候总觉得同学们读得不好，批评了好些同学，被批评的同学很不开心。由于小薇吹毛求疵，总在领读的时候批评同学的不足之处，同学们纷纷向老师反映想换个领读人。老师就应大家的要求，不让小薇领读了。

小薇很难过，回到家垂头丧气的，一个人在小桌子前面画画，好长时间都不说话。妈妈事先从老师那儿得知了小薇的事情，在做饭的时候就想着怎么引导她正确认识错误，改正缺点。吃过饭，妈妈坐到小薇身边，看她画小兔子。

妈妈说："小薇的兔子画得真漂亮，活灵活现的，太可爱了。"

小薇还在为老师不让她领读的事难过，妈妈的表扬不再令她像平时那样高兴了。她赌气地拿起画笔给小兔子画了大大的鼻子、歪歪的眼睛，一只可爱的小兔子就这样变丑了。

可妈妈没有为小薇的别扭而生气，妈妈乐呵呵地说："哎呀，小薇了不得啊，随便几笔，就把小兔子变成灰太狼了。"

小薇仔细一看，可不是嘛，大鼻子、斜眼睛、大耳朵，可不就是灰太狼吗？自己忍不住就扑哧一下笑了。

妈妈说："可是如果是兔子的话长着大鼻子就不好看了，狼又不可能有三瓣嘴、短尾巴。"

小薇不满意了："妈妈刚才不是还说像灰太狼吗？"

妈妈说："灰太狼有条大尾巴，这明明就不是。"小薇就给添上了一条大尾巴。

妈妈又说："灰太狼会那么老实地待在白菜跟前一动不动吗？他老早就要去找小羊的麻烦啦。"小薇不开心了："妈妈，你怎么老挑我毛病啊，我都画不下去了。"

妈妈温和地对小薇说："画是你的，你满意并不代表别人也喜欢。你都已经画那么好了，可要是从不同的角度来看，总能指出问题来。就像咱们生活中的很多事一样。你不也经常挑剔妈妈做的饭嘛，这是一样的道理。"

小薇说："妈妈，你有时候做的饭是不好吃，我没经常挑剔。最近你做的饭好吃多了。"

妈妈摸摸她的小脑袋说："你说妈妈最近做的饭好吃，就是说妈妈做饭的技术比以前进步了。妈妈很高兴。这说明你看到了妈妈的进步并且知道表扬妈妈。你跟小伙伴相处的时候也要看到他们的进步，及时表扬他们，这样大家都会很高兴的。如果经常揪住一个小毛病不停地批评，任谁都不会开心。就如你每天早晨领着同学读书，他们稍微有一点小毛病，你就抓住这个毛病批评同学，同学也会不高兴的。你说是不是？"

小薇的小脸涨得通红，说："我也知道要表扬他们，可是很多时候就只会看到缺点。他们读的让我很生气，明明已经指出来了，可还要往错的地方读。"

妈妈说："如果你能够看到小朋友的进步，对他们的进步加以表扬，宽容地对待同学的话，同学们一样还会喜欢你的。"

小薇这时候已经要哭了："妈妈，我真的还想领着同学们读书，呜呜。"

妈妈赶紧安慰她说："好了，不哭宝贝，你已经做得很好了。只要你能努力改正这个小缺点，妈妈相信同学们会原谅你，比以前更喜欢你的。"

过了一个多月，小薇的班主任李老师打来电话向小薇妈妈夸小薇的进步，说小薇已经很好地跟同学们建立起了关系，她不再揪住同学的一点小毛病不放了，她变得宽容温和，能看到同学的进步，给他们各种鼓励。同学们更喜欢她了。

孩子有些小缺点是不可避免的，父母要正确看待和引导孩子改正缺点。但有很多父母反映，孩子很难改掉坏毛病。父母不追在后面说他们，孩子认识不到自己错了，父母一说他们，他们就嫌父母烦，不仅不改正还要顶撞家长。

孩子的自尊心很强，只要父母告诉他做错了，应该改正，大多数孩子都会自发地往好的方向发展。如果孩子没有改正错误，或者变本加厉，那一定是父母的方法用错了。

芳芳很少帮助同学，碰到同学有什么困难，她不仅不伸手帮助，回到家还要向父母炫耀"不帮助"事迹："同桌小明的英语课本忘带了，老师让他和我一起看一本，我没给他看。"芳芳的妈妈对此很发愁，担心芳芳这样发展下去，会被同学排斥，在以后的学习生活中会遇到种种的不顺。

芳芳的这种"不帮助"心态是从舅舅那儿学来的。前两年社会上就对要不要扶摔倒了的老人的道德问题进行热点讨论。舅舅关心时事，将这件事讲给了芳芳听。芳芳本来很尊重老人，见到小区里的爷爷奶奶都要打招呼，可是当她听到居然有老人为了讹诈别人做出假摔等不好的行为后，害怕自己也会遇到这样的事儿，就不那么热心帮助邻居老人了。再加上舅舅又向她讲述了很多乐于助人被反咬一口的事例，让她对帮助人产生了畏惧心理。慢慢地她不仅不向需要帮助的同学提供帮助，还养成了事事漠不关心的不良心态。妈妈在得知芳芳的"不帮助"心理来源于舅舅之后，狠狠地批评了舅舅。但对如何改正芳芳的问题不知所措。

这天妈妈去给芳芳开家长会，回来之后，芳芳问："妈妈，老师在家长会上说什么了？""老师说了很多呢，还提到你好几次，说你学习成绩棒极了，尤其是数学，在班里是拔尖的，妈妈真替你高兴。"芳芳两眼开始放光，又问："还有呢？""还有语文，语文老师说你写作文进步得很快，无论是内容情感还是文辞修饰都有进步，成绩比以前提高很多。"芳芳问："那老师没说我表现不好之类的话吧？"妈妈说："老师说，芳芳这么优秀，要是能对同学热心一点，看到有困难的同学多提供点帮助就更好了。"芳芳若有所思地点点头。

妈妈看到芳芳的表情，赶紧抓住这个机会引导她："芳芳在学校这么优秀，妈妈给你讲一个故事吧。作为对你的奖励，好吗？"芳芳最喜欢听妈妈讲故事，欢欢喜喜地搬了小凳子坐在妈妈身边。

"从前有只母鸡叫咯咯咯，她和普通的鸡不一样，因为她下的是方形的蛋。咯咯咯和其他的鸡都是好朋友。她们每天一起吃东西，一起玩和下蛋。但鸡在心情不好的时候是下不出蛋的。每当有鸡下不出蛋的时候，咯咯咯就把自己刚下的方鸡蛋搓啊搓，搓成椭圆形的，偷偷放在下不出蛋的鸡身后。那只下不出蛋来的鸡感到屁股下面暖暖的，一回头发现自己屁股下面有一颗鸡蛋。而咯咯咯这个时候就闭着眼睛装着什么都没看见。有一天，咯咯咯努力很多次都没下出蛋，她感到很难过。正在她伤心的时候，突然觉得屁股后面热热的，回头一看：哇！它屁股后面堆了像小山一样的方鸡蛋。她看到其他的鸡都眯着眼睛，装着什么都没有看见。"

故事讲完了，芳芳愣了一会问："妈妈，为什么咯咯咯要把自己下的蛋给别的鸡？那样她不就没有鸡蛋了吗？"

　　妈妈说："因为其他的鸡没有下出蛋，心情很不好，咯咯咯是个很善良的鸡，不忍心看到其他鸡不开心啊。"

　　芳芳又问："其他的鸡不开心，关咯咯咯什么事儿？她为什么不忍心？"

　　妈妈说："因为咯咯咯跟大家都是朋友，大家的苦难她感同身受，看到别人难过，她会更加难过。要是妈妈这会儿生病了，难过得吃不下东西，芳芳看到妈妈难受，是不是比自己难受还要难受？"

　　芳芳急了："我不要妈妈生病，妈妈不要生病。"

　　妈妈说："这是一样的道理。咯咯咯就跟你一样，不忍心看到别的鸡伤心，她用自己的鸡蛋去安慰她们，让她们感到开心。"

　　妈妈看到芳芳似乎有点理解了，就接着说故事："从前有个人去请教一位牧师，他想知道天堂和地狱的生活都是什么样的。牧师让他到地狱去看看，再去天堂看看。他接受了牧师的建议，先去了地狱。正好地狱的人都在吃饭，他们每个人手里都拿着一双一米长的筷子在争着夹东西吃。他们个个面黄肌瘦的，好像很多年没吃过饭了似的。可是，因为手里的筷子太长了，每个人都夹不到饭，最后饿的直哭，地狱中响起了悲戚的哭声。看到这幕悲惨的场景，这个人不敢再看下去了，赶紧逃出地狱。他依照牧师的指示来到了天堂。刚好天堂的人也在吃饭。和地狱一样，他们面前同样是口大锅，锅里同样煮着热腾腾的饭菜，他们手里同样拿着一双一米长的筷子。可是，他们却吃得很开心。你知道为什么吗？"芳芳说："不知道。"妈妈说："天堂的人都是用筷子夹起饭菜喂给别人吃，这样你喂我，我喂你，最后大家都吃饱了。你看，面对同样的条件，有人互相帮助，解决了问题；有人只顾自己，什么都解决不了，最后陷入了绝望。芳芳愿意做哪种人呢？"

　　芳芳说："妈妈，我愿意做天堂里的人。我也想像咯咯咯那样把自己的鸡蛋给别的鸡，安慰别人，不让别人难过。"

　　妈妈说："这样就对了。你帮助身边的人，在他们遇到困难的时候提供力所能及的援手，当你碰到意想不到的麻烦时，别人也会帮助你的。大家你帮帮我，我帮帮你，你和身边的朋友们就会像身处天堂一样开心。"

　　芳芳从此以后开始学着帮助同学，改变自己以往的"不帮助"心态，渐渐变得让老师和同学很喜欢了。

孩子身上有毛病很平常，家长正确对待他们的错误，及时予以纠正，引导孩子改正错误，而不应动不动发脾气打骂孩子，只要家长引导得当，孩子就会很快改正缺点，健康发展。

✏ 给孩子自由空间

邻居李阿姨的儿子是大家都夸奖的对象，他品学兼优、乐于助人、性格独立、各方面全面发展。但是当大家向李阿姨询问如何培养孩子的时候，得到的结果却让人大跌眼镜。因为李阿姨的回答是："我从来没给他报过数学、英语之类的辅导班，也没有成天在他身上花心思，我对他唯一的培养就是，我会让他帮忙干些力所能及的活儿。我们家买米买菜甚至买天然气的活儿都是他来做的。"

大家觉得李阿姨的话不可思议，如果这样就能培养优秀的孩子，那优秀的孩子可就多了去了。大家纷纷表示李阿姨不可能没有为培养孩子做任何事，她肯定有什么妙招没告诉大家。

我觉得李阿姨的话是完全可信的。孩子的成长要靠孩子自己在生活中积累经验，父母不能代他完成经验积累的过程。有些父母妄想着孩子在自己的唠叨声中懂得道理，但事实表明，孩子对父母的说教和唠叨是最反感的，不仅不会按照父母说的做，反而可能走向与父母期望相反的道路。

教育专家陶行知认为，孩子的成长和发展需要有一个宽松的、开放的、积极的环境，需要在父母的热切期望和等待中引导孩子的成长。孩子的发展，要遵循天性，不能任意抹杀孩子的创造欲望和玩乐心态，要给予孩子自由的空间，让孩子自由地发展。

勇勇上四年级了，父母对他的照顾可谓无微不至。早晨一起床妈妈就帮他叠被子；吃饭的时候，爸爸把最好的饭菜挑给他，连鱼刺都帮他挑出去了，就差亲手喂给他吃了；妈妈每天都帮他检查书包，怕他忘记带什么东西。勇勇长到现在还要在妈妈的帮助下才能穿好衣服，由于爸爸妈妈把所有的事情都包办了，他什么家务活儿都不会做。爸爸妈妈担心勇勇的安全，每天上下学接送，甚至勇勇跟小伙伴在一起玩儿的时候，父母也要陪伴在旁边，生怕别的小朋友欺负了他。勇勇的父母无时无刻不陪伴在身边，但勇勇不快乐，他感觉憋闷、压抑、不开心。勇勇动手能力差，性格懦弱，遇到任何事，都要退缩，对待事情没有主见，没有独立解决问题的想法。

磊磊的父母特别看重孩子的学习成绩，每天写完老师布置的作业，妈妈还要给他布置一堆作业，磊磊每天晚上很晚才能睡觉。到了星期六星期天，妈妈就把磊磊送到各种补习班去学习，英语、奥数、画画、作文提高班等等，磊磊的时间被安排得满满的，没有一点自由。最让磊磊反感的是，每次班级考试之后，妈妈总要把磊磊的成绩与最高分作对比，不停地在磊磊耳朵边提醒他的成绩不理想，不能老玩儿，要去学习之类的话。磊磊觉得很累，他最大的愿望是生一场病，这样就能好好休息几天了。

我们非要给孩子报这个兴趣班那个辅导班，孩子幼小的心灵想的却并不是这些。父母的逼迫只会让孩子反感，他们不敢不去上辅导班，可是也不会真正学到什么有用的东西。最后辅导班之类的相当于白上。孩子如果真的对某方面感兴趣，自己想学，他才能真正学到东西。与其让孩子做自己不喜欢的事情，还不如带着孩子痛痛快快地玩，在玩中孩子照样能学到东西。

英国心理专家日前指出，对孩子们来说，"虚度光阴"也是一种休息和能量的储备，反而是大人对孩子的过多安排会扼杀孩子的独立性和创造力。家长可以这么做：让孩子自己照顾自己的生活，如果他们在客厅和厨房里帮忙，不要去干涉阻挠；让孩子和伙伴去公园，特别是乡村公园，让他们接触树木、溪流和大自然；尝试带孩子去一些"冒险乐园"游玩，让他们自己选择活动；允许孩子晚上到屋外去看星星。无论在哪里，请不要总是试图安排自己的孩子。

著名的教育学家陶行知先生有一次去给学生上课。他怀里抱着一只母鸡，手里握着一把米走上了讲台。在学生不解的目光中，陶行知用手按住母鸡，强迫它张开口，把米喂给母鸡吃。可是母鸡就是不吃，甚至连张嘴都勉强。陶行知就把母鸡和米都放到了一边，并离开一段距离。不一会儿，母鸡自己上去啄米吃了。于是陶行知对学生说："教育有时候就像这只母鸡，硬要它吃，它是不会吃的；

不去管它，它自己就会吃。"

对孩子的教育也是这样，我们把孩子盯得太紧了，孩子就像那只母鸡一样，越被强迫，越不愿意去做一件事；反而不怎么去管他们，他们自己主动就去做了。大量的事实表明，家长把孩子盯得越紧，对孩子所抱有的期望越高，孩子反而会朝着家长不愿意看到的方向发展。

我们那儿有一个人，在城里待了一辈子，退休之后就想到乡下种点蔬菜，干点农活儿之类的，体验体验不同的生活方式。他在乡民的帮助下开垦出一片地，在地里撒下了玉米种子。一个月左右，绿油油的玉米秧子就长出来了，每一片叶子都朝气蓬勃的，别提多精神了。见到这玉米秧子的乡民都夸他的玉米种好，"肯定能收获很多玉米"。这个人是勤快的，每日都到地里去看看玉米秧子的长势。最开始他还挺满意玉米成长的速度，可是后来地里的玉米秧子却都半死不活了。原来这个人每日都到地里看玉米，成天盯着那些玉米苗，这里扒拉一下，那里扒拉一下，这样日日不得闲，他自己累得不行，玉米也半死不活的了。好在农人们看不下去，告诉他："快别这样了，玉米秧子都快被你揉坏啦！你每日里所有工夫都在翻弄那些小苗子，不给它们成长的空间，它们怎么可能会健康成长？"这人就请教怎样才能让玉米像以前一样苗壮。农人说："我们庄稼人不懂什么大道理，但知道你这样种玉米，不仅收不到好庄稼，还要把自己累出毛病。你还不如在村里跟老人们一起下下棋、谈谈话，省的糟蹋了好玉米。你几天过来给地里浇一次水，再隔几天过来给它们除除草。要是哪天大家都在给地里打药了，你也给它们打点药。其他的都不用管了。"这个人按照农人的建议去做，一两个星期以后，玉米秧子又恢复到原来的样子了，而且比以前长得更好。

父母不用把孩子逼迫得那么紧，给他们点自由支配的时间，或许孩子在自由的学习和玩乐中能收获意想不到的结果。

茂茂那天和妈妈一起到公园散步，看到公园的广场中央搭起了舞台，还有很多演员在走台排练，一问之下，才知道市里的文艺团要来这里表演了。茂茂对这类节目很感兴趣，赶紧打听时间。演员告诉茂茂是下周一，晚上七点半开始文艺晚会。茂茂很想来看，就对妈妈说："妈妈，咱们周一那天来看吧。"茂茂妈并不反对孩子有自己的兴趣爱好，看文艺演出还能培养孩子对文艺的兴趣，就满口答应了。

　　恰好演出的当天，茂茂的老师布置了非常多的作业。妈妈担心茂茂可能会为了看演出而拖延写作业，但茂茂根本就没让她多操心，她在学校的时候就利用课余时间写好了一部分。回到家马上就到房间里写作业，一如既往地完成了作业。茂茂自己很好地安排了时间，没让看文艺演出耽误功课，妈妈为此感觉很欣慰。快到演出的时候，茂茂订的小闹钟就响了，茂茂拉着妈妈的手说："现在七点十分，咱们走路过去十分钟，刚好能赶上呢。"

　　我们总为孩子担心这个，担心那个，其实只要给孩子自由的空间，孩子自己就能学会安排时间了。

　　只有经历了挫折的孩子才能体会到成功的喜悦，只有经历过玩乐，孩子才能拥有欢乐的童年。孩子需要成长的空间，不受父母干涉地去做任何喜欢的事，在孩子的自由空间中，他独立地安排一切，他成了这个空间国王。给孩子一个自由空间，让他自己去探索生活的乐趣；给他一些时间去做喜欢的事情，让他知道除了学习和父母之外，还有如此多彩的生活。

✎ 不做任性的父母

　　父母总是说孩子小，做事情会耍脾气，会任性，但有时候父母比孩子更任性。什么是任性的父母？就是指凡事都按照自己的意思办，孩子稍微出现一点点不顺父母心的地方，就加以责骂，直到孩子必须按照他们的意思办事。

　　宏宏的父母是典型的任性父母。宏宏做完作业之后很想看一会儿他喜欢的球赛，可爸爸总是跟宏宏抢电视。爸爸喜欢看电视剧，肥皂剧、泡沫剧、历史剧、戏剧，反正没有他不看的。但家里只有一台电视，爸爸看了宏宏就不能看，宏宏看了爸爸就不能看。为此父子俩老是上演争夺战。但每次都是爸爸赢，因为爸爸有绝招。他要不就威胁宏宏要打他，要不就要考宏宏这一段时间学的内容。宏宏跟他争那是绝对争不过的。

　　妈妈更是任性得过头，她会干涉宏宏的各项活动，只要她不喜欢的，绝不让宏宏做，凡是她要求宏宏做的，宏宏必须去做，不然妈妈就开始数落他，甚至直接用眼泪要挟。那天学校组织学生到乡村体验生活，由于时间比较长，晚上就睡在村民的家里。爸爸妈妈一听就不乐意了，爸爸为宏宏的安全考虑，对他进行了说教，但宏宏告诉他所有的农家都是学校已经选择好了的，他们跟学校早就建立了长期合作的关系，不用担心村民家里不安全之类的。虽然如此，妈妈依然不让宏宏去。她说："乡村有什么好学习的，你爷爷奶奶一辈子待在乡下，你爸爸好不容易通过上学考到城市里来了，你倒好，还要再回乡下，你怎么那么不争气啊。"妈妈说着说着就哭了起来。妈妈的话让人听起来，好像就是宏宏没出息了，这一辈子就要待在乡下回不来了似的。好好的一个乡村参观学习，被妈妈的哭声给破坏了，宏宏再也感受不到期待的乐趣了。最后在爸爸妈妈闹得不可开交中，宏宏没有参加这次乡村学习。班里的同学回来津津有味地描绘村庄的风景、大片的牛羊、干净无毒害的饭菜都令宏宏羡慕，同桌还在乡村农人的指导下为一只羊剪了毛，班里的其他孩子都参与了挤牛奶、喂小鸡的活动。宏宏又向往又难过，好几天都闷闷不乐。

跃跃每天最害怕的是中午，因为妈妈总会逼迫她睡觉。可跃跃不想睡觉，她更想拿着画笔把午后温暖阳光下的常青藤和懒洋洋打瞌睡的小猫画到画纸上，可她的思绪还在想那只小猫在画纸上该表现得如何懒惰如何可爱时，妈妈就一把夺走了她的画笔，大声呵斥她为何不睡午觉。跃跃不愿意了，她执意要拿起画笔，可是妈妈根本就不听她的。妈妈强行把跃跃拖到了床上，强迫她立刻睡觉。跃跃想着妈妈突然变得凶神恶煞的脸，怎么也睡不着，她用哭闹的方式来发泄自己的不满，但那只会招来妈妈更严厉的训斥。

到了晚上，妈妈一样会用逼迫的方式把还在看画册、大脑神游在美丽太空的跃跃拖到床上，并且对她没有在规定的时间上床睡觉十分不满意，对她进行训斥和教训，警告她以后必须在规定的时间睡觉。跃跃不能反抗妈妈，妈妈的凶恶在她幼小的心灵中留下了很坏的印象，好几次跃跃都在睡梦中梦到妈妈变得青面獠牙、凶得不得了，追着她，要打她。跃跃大哭大叫，可是那个青面獠牙的妈妈总是跟在她后面，甩也甩不掉。跃跃于是从梦中哭醒了。

孩子不愿意睡午觉，就不必强迫她去睡。做母亲的只需要告诉孩子午觉的重要性，不睡午觉对身体的影响，再告诉孩子白天只能在午休的时间睡觉，其他时候就算再困，都最好不要睡。母亲只要告诉孩子这些就足够了，至于孩子睡不睡午觉最好让孩子自己决定。

父母已经习惯了在孩子面前有绝对领导权，只要孩子稍有反抗，父母就拿出自己的权威，对孩子非打即骂，有的父母在理屈词穷的时候，甚至会又哭又闹，让孩子手足无措，不知道该怎么办才好。这样的父母，可以将他们称为任性。因为任性，他们不去关心孩子真正的需要，不去体会孩子内心的感受，凡事任由自己的性子来。可想而知，父母任性的行为对孩子造成了多么坏的影响，父母是孩子的榜样，是孩子模仿的对象，父母任性，孩子能不任性吗？

任性的父母只能教出任性的孩子。父母的任性在孩子的情感和潜意识中一定会有影响，如孩子在父母的任性中度过每一天，见惯了爸爸妈妈任性耍小脾气，难保不在以后的生活中用任性耍小脾气来要挟身边的其他人。父母的任性还会影响孩子的人格健康。父母高度控制管教孩子，忽略孩子个性的发展，孩子就会变得软弱，缺乏责任心，甚至没有主见，过分依赖父母。

第二章
好孩子　好品质

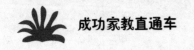
一、跑掉的是时间

✎ 时间长了腿

　　朋友这天刚回家，五岁的儿子彤彤就跑过来了："妈妈，咱们出去玩吧。"朋友看看时间，快到做饭的时候了，就说："宝贝乖，妈妈去做饭，宝贝那么久没吃到妈妈做的饭了，不想吃妈妈做的奶黄包了吗？"彤彤虽然想吃奶黄包，可是这会儿更想出去玩，还是缠着朋友带他出去玩。朋友也想满足孩子，但他爸爸马上就要回来了，工作了一天，还要饿着肚子可怎么行。于是朋友说："宝贝，咱们一会儿就出去玩，但是妈妈现在必须做好晚饭。你先把待会儿咱们要玩的玩具准备一下。"

　　彤彤很高兴地去找他喜欢的玩具了。朋友终于松了一口气，去厨房做饭了。不一会儿，厨房门口就探进来一个小脑袋："妈妈，我的玩具收拾好了，咱们什么时候出去？"朋友说："再等一会儿就去。"过了不到两分钟，小家伙又来催了："妈妈，到时间了吧？"朋友看看饭菜准备得差不多了，还剩下些收尾的工作，就说："再等一会儿。"

　　等朋友从厨房出来的时候，小家伙正自己在房门口玩他的橡皮泥。朋友说："宝贝等久了吧，饿不饿？要不要吃过饭再出去？"

　　彤彤好奇地问："妈妈，'一会儿'是什么？'久了'是什么？"

　　朋友一愣，没想到孩子这么小就对时间开始敏感了。朋友说："一会儿就是很短的时间。'久了'、'很久'、'长久'都是很长的时间。"

彤彤糊涂了："为什么你在厨房一直不出来，叫'一会儿'，我在外面等着就叫'久了'？"

朋友抱过小家伙说："'一会儿'和'久了'都是指时间长度。妈妈在厨房做饭，为了让宝贝耐心等待，就告诉你'妈妈一会儿就出来'，妈妈这样说，是怕宝贝等急了，怕宝贝不开心。可妈妈知道宝贝确实等了很长时间，宝贝等的时间可以用'久了'来形容。"

"哦，那意思是说妈妈在厨房里是'久了'吗？"朋友微笑着夸他聪明："宝贝真厉害，一下子就弄懂了。宝贝，咱们再来看看其他的时间好吗？"

彤彤说："久了、一会儿都是时间。"

妈妈说："一会儿，还能用立刻、马上、待会儿、过会儿来说；久了，还可以说很久、长久、久久。咱们来算算爸爸从现在到回家，是久了还是一会儿好吗？"彤彤跃跃欲试。

妈妈说："你看现在表的这个长指针在 5 这个位置，如果指到了 7（十分钟），爸爸就回来了，说明爸爸回来的时间是'一会儿'；要是超过了 7，如果是指到了 8 或者其他的，那爸爸回来的时间就是'久了'，好吗？"彤彤同意了。

他爸爸经常要加班，朋友陪小家伙先吃了晚饭，看看表，已经过了半个小时了，他爸爸还没回来。朋友就对彤彤说："宝贝，你猜爸爸回来的时候是'一会儿'还是'久了'？"小家伙装模作样地看看表，说："是'久了'。爸爸回来得很慢。"

朋友问："你是怎么知道爸爸回来得很慢呢？""妈妈刚才说，这个长的到 7 就是'一会儿'，过了就是'久了'，现在过了，所以是'久了'。"

朋友看到孩子对时间如此敏感，有心引导他建立时间概念。她把闹钟拿到孩子的面前说："宝贝，你看到这个上面有什么？""有个又短又矮的针，还有个长一点的针，还有个一直跑的针。"

"那个短的代表的是最长的时间，它一天只能走十二个格，代表十二个小时。'久了'可以用它来说，比如它走了一格，就等于过去了一个小时，我们就能说'久了'；走了两格，就等于过去了两个小时，我们就可以说'太久了'。长一点的比较快，咱们平时说的'一会儿'可以用它来说，它走了一格、两格，叫'一小会儿'，三格、四格，叫'一会儿'，五格、六格，叫'一大会儿'。宝宝自己看看是不是？"彤彤把闹钟拿在手里，看了半天。

朋友虽然想把"时间"这个概念一下子全装进孩子的脑袋里，可她知道不能操之过急的道理。看到彤彤自己兴致勃勃地拨弄着闹钟，就不再多说了。

彤彤爸爸一进家门就看到儿子在拨弄小闹钟，似乎对闹钟很感兴趣。就走过去问他在干嘛。彤彤一下子兴奋起来："爸爸回来得很慢，回来得'久了'！我等了快一个小时了。"爸爸吓了一跳："你还知道一个小时啊？给爸爸说说什么是一个小时好吗？"彤彤自豪地说："短针走一格就是一个小时，我知道。"爸爸乐了。

彤彤有了这天晚上的时间记忆，只要跟父母在一起就要问关于时间的问题。朋友发现，没过多久，彤彤就弄清楚了闹钟上的时间指向，并能够很准确地为爸妈报时了。

这天，彤彤又问妈妈："妈妈，你看闹钟上最长的那根针滴滴答答地走着，什么时候都不愿意停下来。我才玩了没多久，看看闹钟就发现过去了一小会儿、一会儿、一大会儿，我睡个午觉，发现过了很久，最短的那根针已经走了一格了。我还没怎么玩呢，天就黑了，又该睡觉了。妈妈，你说咱们能不能把闹钟的电池拔下来，让时间停下来，给我更多玩的时间？"

朋友愣住了，彤彤不仅认识了时间，还看到了时间的流逝并对不断流逝的时间感到惋惜，他感到时间不够用，想要更多的时间来做自己喜欢的事儿。朋友搂过彤彤说："彤彤，你太了不起了，你认识到了时间的本质，知道时间是一刻不停地在流逝的。你看当你吃饭的时候，时间从你的嘴边走过去；当你看动画片的时候，时间从你的眼睛前跑走了；当你洗手的时候，时间就从你的指头缝里溜走了。时间在每个地方都留下了痕迹，你上个月称体重才13公斤，今天称体重就变成了13.5公斤了；妈妈昨天做饭划伤的地方，今天就结痂了；树上的叶子从绿色变成了黄色，又开始往下掉了，这些都是时间的作用。时间是不能停止的，我们拔掉闹钟的电池，自以为时间停下来了，其实时间还在墙角里看着我们呢，它照样让太阳落下来，让月亮和星星升起来，一天还是要过去。"

彤彤似懂非懂，但他听明白了一件事，就是时间不能停下来，玩的时间不会变多。他说："妈妈，时间过得那么快，我还没来得及注意呢，'一大会儿'就没了，然后好几个'很久'也没了，然后一天就过去了。我该怎么和时间做朋友，让它更喜欢我，不要跑那么快？"

朋友说："时间喜欢勤奋的孩子，勤奋的孩子懂得跟上时间的脚步，他们不想让时间把自己甩到身后，所以他们认真学习、努力生活，在相同的时间中做了更多的事儿，过得更加充实。可还有一些懒惰的小孩，他们不把时间当回事，每天磨磨蹭蹭的，时间就在他们身边走得格外得快，还没怎么过呢，时间就溜走了。彤彤是愿意做懒惰的小孩儿，还是勤奋的小孩儿呢？"

彤彤说："妈妈，我当然要做勤奋的小孩儿，我要和时间赛跑，它跑得快，我要比它更快！"

朋友听了彤彤的"豪言壮语"，不禁莞尔，笑着对彤彤说："好啊，我们的彤彤越来越有出息了，妈妈等着你赢过时间的那一天。"

✎ 慢工才能出细活

彤彤有了时间的概念，又知道时间是"长了腿"的，一刻不停地跑着。他从那以后特别珍惜时间，他不能容忍自己让时间随随便便地跑掉。假如他想出去玩，就一定要先写完作业，因为爸爸告诉他，作业比玩更加重要，不完成作业就去玩，心里会不停地挂念着作业，玩也玩得不开心。看到彤彤对时间那么重视，夫妇两人开心极了。

可是慢慢地，朋友发现彤彤身上的另一个问题了。彤彤每天只想着赶快做完作业，赶快吃完饭，赶快做完妈妈交代的任务，他确实在一定的时间内比别人干了更多的事，但很多都是草草了事。比如彤彤的幼儿园老师跟朋友反映说彤彤最近的画画质量大不如前，以前彤彤知道把人的腿画成饱满匀称的双线条，可现在彤彤只用一条线就代替了人的腿；以前彤彤画树画人画太阳，都是一笔一画地认认真真画下去，可是现在彤彤速度快极了，三笔两笔就画完了。但由于画得太快，画画水平几乎没有得到什么锻炼。彤彤的"速度"让老师头疼不已，因为为了早点出去玩，别的小朋友全部向彤彤学起来了，大家一拿起画笔就开始比速度，不仅没有学到知识，还搞得心浮气躁，全部坐不住了。

朋友对彤彤的变化也头疼不已，作为妈妈，她一方面让孩子建立时间观念，希望孩子珍惜时间；另一方面，她又希望彤彤认真做一件事情，不要像现在这样只为速度，没有效率。朋友一直想寻找机会，告诉彤彤正确的时间观念和效率是不冲突的。

这天朋友爱人的单位组织员工去陶瓷厂参观，朋友作为家属，带着彤彤也一起随行。陶瓷厂的工作流程繁琐但有趣，每一个细节都要注意，最后才能烧出好的作品。在参观过程中，陶瓷厂给所有人提供了亲手烧制陶艺的机会。彤彤小小年纪，也拿着陶土像模像样地做了起来。

陶瓷厂的老技术骨干顾爷爷烧得一手好陶瓷，凡经他手的陶瓷最后都变得精美漂亮极了。顾爷爷为大家讲解如何才能烧好陶瓷，并亲自示范，然后手把手地指点每一个人。彤彤要烧一个碗，但他在搓泥的时候就犯了平时的一贯毛病，三下五除二地搓完了泥，然后开始了下一道工序。顾爷爷赶紧走过来，温和地问彤彤："小朋友，你为什么要做那么快啊？"彤彤扬着认真的小脸说："因为这样我就能节约时间啊，我节约了时间，别人才烧了一个，我就能烧两个，我比别人烧得多。"

顾爷爷呵呵地笑了。他说："烧陶瓷可不能这样，你为了节省时间就不认真搓泥，可搓泥是非常重要的工序，你看这泥里有很多气泡，咱们必须把它们全部挤出去才行，如果留那么一两个没被挤出去，那最后烧出来的作品肯定会有问题的。"

彤彤非常有自信地说："爷爷，不会的，我肯定能烧出最好的碗，我做得快也做得好，因为我在跟时间赛跑呢，我必须做快点，不然我就输了。"顾爷爷听到彤彤的"豪言壮语"，对这个小小的孩子十分感兴趣，就站在他旁边看着彤彤烧。

彤彤按照之前讲过的工序一道一道地做了起来，前面都很顺利，可是到了从烧窑里取出来的时候，彤彤烧的碗裂开了，根本就不是一个工艺品，一取出来就报废啦。彤彤不服输，又开始从搓泥开始做，可这个时候大家做的陶瓷品都要进烧窑了，彤彤明显比大家都慢了一拍。为了赶上大家的脚步，彤彤又加快了速度。

最后大家都从烧窑里取出自己的作品来，李叔叔做了一个鼻烟壶，上面还画着两只小黄鹂，活灵活现得可爱极了；张阿姨烧了一个高脚杯，细细长长的颈部，顶着一个大脑袋，好不欢喜；爸爸按照彤彤的样子烧了一个小储蓄罐，胖胖乎乎地在向他招手呢。可是彤彤的碗依然裂开了。彤彤一看大家的作品全部好好的，还都做得那么好，可自己做了两次却都没成功，又羞愧又生气，哇地哭了。

爸爸妈妈连忙过来安慰他。妈妈说："宝贝，不哭。这次没做好咱们可以再做一个嘛。"彤彤抽泣着说："可我已经做两次了，都裂开了，呜呜。"

妈妈觉得这是对孩子进行教育的好机会，就问他："大家用的是一样的土，一样的烧窑，做的程序都是一样的，为什么别人的都没有裂开，就你的裂开了呢？"

彤彤说："我哪儿知道！呜呜，我做不好。"

妈妈说："妈妈知道为什么，爸爸和顾爷爷也都知道。彤彤想知道吗？"彤彤哭着点了点头。

妈妈说："做陶瓷的每一个环节都要非常认真，在最开始搓泥的环节，当大家都在努力地搓泥挤气泡的时候，你想着赶紧做完，随便搓了几下，就开始下一道程序了。你说是不是？"彤彤回想了一下自己当时的情况，有点不好意思了。

妈妈又说："在后面的程序中，大家都在很认真地完善每一个细节，只有你为了做得快，无论哪个环节都随意做做，没有用一点儿心思。你说是不是？"彤彤的脸已经红了。

妈妈摸着彤彤的脑袋说："你为了图快，忽视了质量，为了比别人抢先烧出碗来，把注意力都放在了快上，结果不仅没有比别人节省时间，反而什么作品都没做成功。"彤彤低着头，羞愧极了。

妈妈安慰他说："吃一堑长一智，彤彤懂得了凡事不能光图快，用心去做事，肯定能做好，不信咱们再做一次试试。"

顾爷爷对彤彤说："我年轻的时候刚学做陶瓷，也是心浮气躁的，就想着赶紧做完这一个，好做下一个，结果好多天都没有做成一个。我师傅就教训我只为了速度快，忘了最重要的东西，那就是用心。我刚开始还不服气，后来在池塘边上看别人钓鱼，慢慢体会出了一些道理。你看那些钓鱼的，他们一坐就是一整天。如果不能心平气和地耐心去等，哪儿能钓到鱼啊。鱼可不是人让它快点上钩，它就上钩的啊。这做陶瓷就跟钓鱼一样，并不是咱们想做快就能做快，想做好就能做好的。你要想做好，就不能图快。最好的陶瓷师傅都不是快手。因为一旦关心起做陶瓷的快与慢，那么就没心思想别的了，你只想快点做，可陶瓷烧制过程中每一道工序都需要特别用心，稍不留意，就有可能白做了。"彤彤听了顾爷爷的话，不好意思地说："我以前只知道节省时间，却不知道只想做得快，结果浪费了时间。我以后绝不这样了，我要用认真的态度来节省时间。"

爸爸、妈妈、顾爷爷听了彤彤的话都很高兴。顾爷爷当下就拿起土来教彤彤，说："来，咱们再做一次，争取做成功。"

彤彤在顾爷爷的帮助下，又开始搓土了。这次他不再只想着快而随便搓两下了事，他搓得很认真。彤彤人小，力气小，没多一会儿就开始冒汗了，妈妈让他歇一会儿，他不愿意，他要用最认真的态度去对待这次搓泥。

当烧窑打开的时候，彤彤看到自己的小碗安然无恙、完完整整，一点裂缝都没有的时候，开心得又蹦又跳。他终于知道认真做事就会收获好结果，不认真做事就算速度再快也是在浪费时间了。

顾爷爷用彩笔在彤彤做的小碗上画了一幅画。画上的小男孩满脸焦急地搓泥土，可是身边却摆满了都是裂缝的碗，层层叠叠的，在提醒着小男孩不要只图速度而忘记了更重要的事儿。顾爷爷把这只小碗放到了彤彤手里，语重心长地说："彤彤啊，以后无论做什么事，都要记住：慢工才能出细活。无论什么事儿都要用心，只有用心了，才能收获好的结果啊！"

晚上彤彤回到家里，就把这只小碗摆到了他的小桌子上，他更进一步地体会到了时间这个概念。

✎ 今日事今日毕

世界上很多东西可以失而复得，有很多东西可以尽力争取，只有时间难以挽留。百川东到海，何时复西归，我们经常听到古人叹息时间流逝的诗句。作为父母，我们要培养孩子的时间观念，培养他们珍惜时间，做事不拖沓，今天的事情今天完成，不延迟到明天。

从前，有一个猎人，对儿子讲了一个关于时间之狼的故事。那时候，老猎人还很年轻，他和四个伙伴挎着枪骑着马走在漫无边际的雪原上。很不巧，他们碰到了狼群。狼群像尾巴一样紧紧跟随在老猎人的身后。他知道，要是甩不掉这些"尾巴"，时间的大门就会关闭了。他摸出身上的匕首，狠狠地朝马屁股上一扎，马痛极而嘶，撒开四蹄狂奔起来，冰河断崖灌木丛，统统踩在了脚底下。渐渐地，狼群被甩开了，距离慢慢拉大，终于把狼群甩到了后面。除了老人之外，他的伙伴仅有一人生还，却被吓破了胆，子夜时分便永远闭上了眼睛。老人的儿子们满手是汗，都说这太可怕了。老猎人淡淡一笑："这种狼还不是最可怕的，最可怕的是时间之狼，不管你遇到什么事，你都必须跑在它的前面才行，否则后果不堪设想。"时间跑得比雪原上的雪狼还快，如果我们不珍惜时间，它就会毫不留情地吞噬我们的生命，让我们的生命暗淡无光。

可是在现实生活中，却有很多孩子在对待时间的态度上出现各种问题。孩子有拖拉的毛病，孩子什么事都拖到最后期限才做，孩子在家边玩边写作业，孩子放寒暑假，都到最后几天才开始写作业……

改变孩子拖沓的习惯不是一天两天的事儿，需要家长们拿出耐心来，在生活中将孩子的坏习惯慢慢纠正过来。

强强吃饭磨磨蹭蹭，每一次吃饭都要在爸妈的反复催促下才吃快一些，父母为此没少发愁。妈妈最着急的是每天早上，由于强强习惯性地拖沓，妈妈大部分的时间都在督促强强吃早饭了，自己经常吃不好。

这天妈妈看到电视上说孩子的自尊心很强，父母可以利用孩子的自尊心来进行教育。妈妈跟爸爸想到了强强最不愿意在同学面前丢面子，经过商量之后，想到了好办法。

又到吃早饭的时候了，妈妈不再催促强强，而是随他玩，强强愿意怎么吃就让他怎么吃。妈妈自己吃好了早餐，先出门上班了；爸爸也吃好了早餐，拿起包对强强说："爸爸去上班了，强强一会儿要记得去上课"，然后也出门了。强强一个人吃早餐，还是如往常一样，边吃边玩，慢慢地吃好了。等他吃完早餐，上学就迟到了。强强背着书包，耷拉着脑袋站在教室门口，刚好是强强最喜欢的李老师在上课。李老师看到强强迟到了，没有十分严厉地批评他，只说："快坐好，上课迟到，不仅自己少学了东西，还影响到同学，多不好。以后提前来点，不要再迟到了。"强强很不好意思。

放学回到家后，强强就向爸妈述说了今天迟到的事情。妈妈说："强强一向是个好孩子，好孩子不应该迟到。你觉得李老师没特别批评你，其实她的话里隐含着很强的批评。你知道吗，耽误自己的学习只是你自己的事儿，影响了同学就不好了。我们做什么事，都要懂得尊重他人的感受，重视他人的想法，而影响同学是一件非常不好的事。"

爸爸说："你同学每天跟你差不多同时起床，大家都要洗漱、穿衣、吃饭，他们没迟到，你却迟到了，你能跟爸爸分析一下原因吗？"

强强不好意思地说："是我吃饭吃得太久了。"

"为什么你吃饭吃得久？是妈妈做得饭太硬，需要长时间地咀嚼，才能吃掉吗？"

"不是，是我在吃饭的时候不专心，我不该磨蹭。"

爸爸妈妈看到强强已经知道错了，就不多说他什么了，只是提醒他吃饭不要再拖沓，上课不要再迟到了。

从那以后，父母再也不为早上催促强强吃饭而操心了，他自己特别注意时间，吃饭的时候再也不玩了。

没过多久，强强放暑假了。以前放暑假，尽管爸爸妈妈反复催促，强强的暑假作业从来没有按时完成过。他大部分的暑假作业都是在开学的前一周赶完的。由于强强班上的同学普遍有拖拉暑假作业的现象，所以每当爸爸妈妈催促强强按时完成暑假作业的时候，他总是理直气壮地拿班里的同学做对比，让爸爸妈妈很头疼。

这次暑假，妈妈要到姥姥家办事，强强很想念姥姥，怀念小时候在姥姥家玩的时光，也嚷着要去。爸爸妈妈也不愿他老待在家里，同意带他到姥姥家去玩，但条件是强强必须在去姥姥家之前把暑假作业写完。

强强虽然对父母提出的先写完暑假作业感觉不耐烦，但为了能到姥姥家玩，还是很认真地开始写作业了。刚开始几天，强强还能每天待在家里专心写作业。可是没过几天，强强看到同学都在外面玩，而且好朋友们隔三差五就来喊他一起出去玩，强强开始心浮气躁起来。爸爸妈妈看出他想出去玩，知道孩子在这样的状态下难以高质量地完成作业，也并不强行把他关在家里，强强就每天都出去跟同学玩了。在放假两个星期的时候，爸爸妈妈有意地在饭桌上提了一下姥姥家的事情，姥姥家的小狗生狗崽儿了，各个活蹦乱跳的，别提多可爱了；强强的堂哥明明到了姥姥家，要在姥姥家住一段时间；乡下的果树都结果了，满山都是水果的香味……强强听了心里别提多痒痒了，他最喜欢跟堂哥明明一起玩了，最喜欢姥姥家的小黑狗了，最喜欢吃姥姥家自己种的蔬菜和水果了。妈妈于是对强强说："妈妈再过几天就要去姥姥家了，你的暑假作业写完了吗？你可跟妈妈下了保证的，一定会在去姥姥家之前写完。"

强强心里想着去姥姥家，暗暗下决心要抵住出去玩的诱惑，好好写完暑假作业。于是他每天都在家里认真写起了作业，好朋友来喊他出去，他都咬牙没有去。

强强最后把作业交给妈妈检查的时候，心里很开心，这是他头一次那么早写完暑假作业。他很高兴能够去姥姥家玩了，而且不用再为没写完暑假作业而忧心了。

孩子的自尊心很强，父母在培养孩子写作业的效率的时候，正确引导孩子用自尊心控制拖沓的毛病很有作用。

莉莉做事也很拖沓，完成作业的速度非常慢，属于边写作业边玩的孩子，她从没在晚上十点之前完成过作业，为此爸爸妈妈经常陪她写作业写到很晚，爸爸妈妈都以为是作业量大的缘故，并没有对莉莉的效率进行过批评。妈妈有一次去给她开家长会，知道其他的孩子都能在晚上八点前完成作业，有些学习比较专心的孩子六点多就能写完了。妈妈对孩子的作业量有了了解，知道是莉莉自己不抓紧时间，觉得她这样下去不行，必须想办法把她这种坏毛病改了。

这天放学回家后，当莉莉拿出作业要写的时候，妈妈很严肃地对她说："莉莉，老师说了，你们的作业一般在一个小时就能完成。也就是说，学校规定你们写作业的时间只有一个小时，其他的时间都是学校留给你们玩的时间。可是你平时都要写到十点，远远超出了老师规定的时间，对此妈妈很自责，都是妈妈没有好好督促你完成作业，才让你玩的时间那么少。妈妈决定严格遵守学校老师的规定，把你玩的时间都还给你。所以从今天开始，爸爸妈妈决定要按照学校的规定来办事，你只能写一个小时的作业，加上期间你去喝水、休息、上厕所的时间，给你一个半小时好了。如果你没有在这一个半小时内写完，就不要写了。妈妈把作业本收走了，让你快快乐乐的玩。好不好？"

莉莉自然不愿意，以前写作业要五个多小时，现在一个半小时，她不接受。可是妈妈说："妈妈这样做是严格按照老师的要求来的。既然以前让你写作业的时间，是爸爸妈妈占用你玩的时间，我们必须把它都还给你。妈妈说到做到，现在是五点半，你开始写作业吧，到了七点的时候，妈妈就来收作业本了。"

莉莉只好拿起作业开始写，她一向习惯在写作业的时候吃东西，或者边看动画片边写，可是妈妈现在只给了这么一点时间，她根本没心思吃东西，看动画片了。果然到了七点的时候，妈妈准时出现在她的书桌前，伸手拿走了作业本，说："好了，你写作业的时间已经到了，从现在开始是你玩的时间了。快去玩吧，你喜欢吃的芒果都放在茶几上了。"

莉莉的作业还有一部分没有写完。她写作业的时候翻到书包里的一本画册，就忘了妈妈的提醒而去看画册了。现在妈妈真的要把作业收走，她哪里同意，又哭又闹地跟在妈妈后面要作业本。可是这次妈妈铁了心不给她，她哭闹、哀求都不管用了。

莉莉由于没有写完作业，第二天受到老师的批评，她很难过。但妈妈从此以后一到时间就来收作业本，她只好让自己努力不去想那些吃的玩的，专心地写作业了。一段时间之后，莉莉的学习效率和专注程度明显提高了。

孩子不能按时完成作业，跟孩子的性格以及周围朋友的习惯有很大关系，父母应该帮助他们建立良好的时间观念，在家庭生活中制定规矩，让孩子明白不完成作业就不能出去玩的道理。在这一点上，父母必须发挥表率作用，只有父母做事情不拖沓，以身作则，才能让孩子真正明白按时完成作业的重要性。

我认识一个小孩叫张有则，人如其名，做任何事情都有原则，尤其是在按时完成某件事情上绝对有原则。他在写作业的时候，我们都不敢去打扰他，因为他专心的神情和动作让我们不忍心去打扰；他玩的时候，和其他小朋友一样尽情的玩耍，好像根本就没有什么能打扰他的专注。

小则的爸爸妈妈都是很有时间观念的人，在他们家，工作和作业没有完成之前是不能看电视和上网的。他们对小孩的时间教育非常严格，在小则很小的时候，爸爸妈妈就告诉他必须先做完手里的事情才能做其他的，今日事今日毕是他们家的做事准则，如果拖沓了，小则就要自己承担拖沓的后果。

再比如有一次，刚上小学二年级的小则为了跟好朋友小明多玩一会儿，没有按时完成语文作业，等他想起来的时候，已经是要睡觉的时候了。妈妈并不责骂他，只是用很平静的口吻告诉他，作业必须当天完成，不然会给老师留下不好的印象。于是小则拿出语文作业来写。那天语文老师留的作业还很多，除了平时的抄写生字组词造句之外，还要求写一篇作文。小则写作业写到了很晚，最后全部完成之后才上床休息。由于头天睡得晚，第二天上课小则精神不集中，老师提的问题他没有回答出来。他很后悔，从此知道了必须按时完成作业。

小则很小的时候，妈妈就教他读《明日歌》："明日复明日，明日何其多。我生待明日，万事成蹉跎。世人若被明日累，春去秋来老将至。朝看水东流，暮看日西坠。百年明日能几何？请君听我明日歌。"在这样的环境和教育下，小则几乎不可能养成拖沓的毛病。

小则的父母以身作则，将不拖沓、按时完成工作在小则面前清清楚楚地诠释出来，小则在父母的影响下，成为了一个事事有原则，做事不拖沓的孩子。

父母对孩子时间观念的养成，不能靠责骂和批评这样简单粗暴的方式去督促，父母的责骂和批评虽然当时吓住了孩子，让他速度快了一些，但以后他拖沓的毛病还会一而再再而三地复发。父母应该找到导致孩子拖沓的原因，对症下药。

✎ 从电视中解放孩子

你有没有注意到，我们最爱的孩子没效率、浪费时间，中间的一个最大帮凶是电视机。现代家庭成长起来的孩子大多数是在电视的陪伴下长大的，电视在他们的生活中占用了大量的时间。孩子放学之后除了写作业，其他的时间几乎都在电视机跟前度过。沉迷在电视中的孩子很少跟父母交流、多数不愿意出去跟小伙伴玩耍，除了上课写作业，电视就是他们唯一的伙伴。孩子沉迷在电视里，在电视跟前消磨时间，不去看书学习、不去跟小伙伴玩，离开了电视似乎都不知道该怎么打发时间。

美国的一项研究表明，孩子一天最少在电视机前面待两个小时，到了周末这个数据至少翻倍。台湾地区也出现相同的现象，儿童从放学到晚上十点，家里电视开机时间平均是三小时二十分钟，儿童每天至少看电视两个小时，周末这项数据高达五小时。我国4～14岁的儿童一年在电视剧上花费的时间已经远远超过了一百小时，这个数据是十分惊人的。

电视有画面声音，其中有孩子喜欢看的节目，还有很多为孩子量身定做的节目，看电视似乎对孩子来说没有坏处。但事实并非如此。

据资料显示，人在看电视的时候，脑电波接近睡眠时候的脑电波。孩子还没有完全成长发育，整天在电视机面前，不仅身体一动不动，大脑也不转动，对他们的健康成长非常不利。孩子长久不动地坐在电视跟前，眼睛随着画面的变换持续盯着电视屏幕，长此以往，电视的光芒会损伤孩子的视力，影响孩子的思考能力和创造力的正常发展。

孩子几乎没有什么分辨的能力，电视内容却五花八门，孩子被动地接受别人灌输的各种讯息，好的坏的一股脑都涌来了。孩子缺乏基本的分辨能力，不能分清哪些节目适合自己，哪些节目在他们的年龄段不能看。比起外国的孩子，中国的孩子在这些方面更是受害者。

中国的孩子看电视很少在父母的陪同下进行，甚至可以说是父母把孩子交给了电视。父母下班后要做大量的家务，可有孩子在身边，家长们无法脱身做需要做的事情，由于无暇顾及孩子，父母需要有个能让孩子安静下来的工具，电视机恰如其分地承担了这个任务。孩子在电视跟前终于安静了，不再哭闹纠缠了，父母终于找到一个"保姆"，替他们暂时把孩子变得乖巧安静，可是孩子却由此迷上了电视。

十岁的小月每天放学都要看两个小时左右的电视，父母想让她多花点时间在学习上，但小月就是不顾父母的唠叨，只要一写完作业就要看电视，尤其是到了暑假，小月看电视的时间更长了。自从放假，小月每天从一大早起床开始就打开电视机，各种动画片一个接一个地看，看到高兴的地方，就自己在那里哈哈大笑。妈妈喊她吃饭，总也喊不动；爸爸跟她说话，她眼睛盯着电视，心思还停留在电视上，根本没有专心去听爸爸说的话。小月除了电视之外对什么都不感兴趣，爸爸说要带她到海边去玩，她却总惦记着会错过动画片，不愿意跟爸爸出去；小朋友喊她一起出去玩，她嫌热怕累一步也不愿离开电视机。

如果要追溯小月看电视的源头爸爸妈妈要负起主要责任。小月三四岁的时候刚刚开始上幼儿园，正处于好动的时候，每天从幼儿园回到家缠着妈妈跟她做游戏，妈妈不能离开她半步，不然她就要哭闹；爸爸正在认真地看书看报，可是小月却非要抢他手里的书报，并且只要爸爸拿起什么东西，小月一定也要拿在手里翻个半天。小月这么黏人，让爸爸妈妈根本没时间做自己的事情。刚好那时候电视机里正在播放动画片，妈妈抱着她看了一会儿。爸爸妈妈发现小月看动画片的时候出奇得安静，不吵了，也不黏人了。从那以后，只要爸爸妈妈有事情要做，就把小月放在电视机前面，小月保准不缠着他们了。于是爸爸妈妈便放心地把小月交给了电视机。

可是现在这种状况却是爸爸妈妈始料未及的。小月沉迷在了电视节目里，不关心身边的任何事物，学习成绩也远远比不上班里其他孩子，爸爸妈妈开始着急了。他们强行将电视关了，小月就跟他们哭闹；他们责骂她，她还是要开电视；爸爸动手打她，她当时害怕，但第二天照看不误。爸爸妈妈知道不能打骂孩子，可除了打骂之外，什么招都没用。

小月的父母想单纯地通过不让孩子接触电视而把小月从电视中解放出来的做法，几乎没有起到什么效果。小月已经养成了看电视的习惯，在小月心里，电视是舒缓焦虑的东西，她在潜意识中已经形成了这样的观念：只要她看电视，爸爸妈妈就不再怪她黏人、说她是惹事精了。可是现在父母突然不让她看了，采用的还是打骂等粗暴的方式，孩子怎么能接受父母态度的突然转变？父母的批评和打骂只会让小月的思维和逻辑观念产生错乱，让她对现实世界产生畏惧，怀疑父母是不是不爱她。小月感觉电视为她提供了一个虚拟空间，让她尽情地释放情绪，电视是她的好朋友，而父母却又打又骂地不让她看电视，她怎么能不形成逆反心理？父母对她的劝诫和打骂，虽然能让她当时不看电视，却不是长久之法。

小月的父母这个时候最应该做的事不是打骂她，而是要关心她的内心世界。小月之所以如此沉迷电视节目，是由于爸爸妈妈在她需要人关心和爱护的时候，把她丢给了电视机，她没有感受过爸爸妈妈对她的爱，不知道父母不让她看电视是为了爱她，因此她对父母的唠叨和劝诫十分反感是很正常的事情。父母需要给予她关怀，让她知道父母是爱她的，是关心她的，让她看到现实世界是精彩的，她才能慢慢地与父母进行沟通交流，与现实世界建立联系，从而逐渐从电视的"控制"中摆脱出来。

从上述小月的事例中，我们已经认识到父母在孩子小时候放任孩子看电视的行为对孩子造成的影响。父母是孩子的第一任导师，父母对孩子的教育方式左右孩子的一生。在孩子小时候，父母对孩子看电视行为进行约束，可以有效防止孩子对电视的沉迷。

小羽的父母在控制孩子看电视方面做得很好，小羽每天只看一个小时的电视，过了这个时间，他就很自觉地离开电视机，去做其他的事情。小羽的父母在小羽小的时候就对小羽看电视的时间要求特别严格。

小羽的父母工作任务繁忙，两个人都不怎么看电视，对小羽看电视的时间进行了严格规定。家里的电视只有在固定的时间段才能打开。其他的时候，如果小羽想看电视，必须向父母做出"书面申请"，并且拿别的玩乐时间作为交换，才能获得批准。

比如有一次小羽最喜欢的球队和另一支强队比赛，电视上对这场比赛将要进行直播，小羽非常想看。可是直播时间是晚上九点，不是家里看电视的时间，爸爸妈妈不允许小羽在这个时候看电视。小羽就去和父母商量，父母同意他看这场比赛，但他必须提交"书面申请"。父母要求这份申请上要写明球队的历史和球赛的背景，还要对比赛城市和球场进行考证，对最后的结果进行预期判断并说明原因。除了"书面申请材料"之外，爸爸妈妈还要小羽拿这个星期所有的看电视时间进行交换。小羽虽然很无奈，但为了看心爱的球赛只能答应了。

为了完成父母要求的"书面申请材料"，小羽在图书馆查了很多关于球赛的赛制资料，在网上仔细查找了两支球队的历史，对比赛的城市天气和相关情况进行了解，甚至查找了球场的建造年代以及设施状况。在查找资料的过程中，小羽学到了更多的知识，还锻炼了查找资料的能力、写作能力以及分析能力。最后小羽以一篇极为专业的"书面申请"和一个星期的看电视时间获得了父母对他看球赛的批准。

小羽在每一次与父母交涉看"额外的"节目时事先都会有充分的考量，所以在他不多的看电视的时间里，他都会选取最重要最感兴趣的节目。而且由于长时间建立起来的习惯，他已经有了极为出色的自律能力，每天看电视的时间绝不会超过规定的时间。

小芳的妈妈在孩子看电视问题上有自己的一套方法，她没有像其他父母那样唠叨责骂孩子，反而很支持孩子看电视，但是她的孩子无论看哪一档节目，都必须向她提交"观后感"。孩子在写观后感的时候锻炼了写作能力、表达能力，还加强了对电视节目的认识，所以在写作文的时候经常得高分。由于每次都要提交"观后感"，小芳有时候觉得麻烦，干脆克制自己不去看电视，这样小芳的妈妈不费吹灰之力就成功地把孩子从电视中解放了出来。

孩子沉迷在电视中，不仅占用了学习时间，而且挫伤孩子在现实中了解与参与世界的积极性。从电视中解放孩子，让孩子有更多的时间与父母进行交流、做孩子自己喜欢的事情。从电视中解放孩子，需要父母的耐心和智慧，在让孩子充分体会父母爱的基础上，从行为方面让孩子自觉远离电视的诱惑。

✎ 敢于把小事做完美

在我们成人的世界中，往往有这么一些人，他们只重视大事，只有大事才用心去做；而对于生活中的小事，他们不会花费很多心思，虽然最后都能完成，但一般属于粗心大意地凑合了事。柏拉图曾说过："人是习惯的奴隶。"英国诗人德莱顿也说："首先我们养成了习惯，随后习惯养出了我们。"我们在小事中培养了各种习惯，这些习惯将决定我们做大事的能力。太多的事例告诉我们，不重视"小事"的人一般不会成就"大事"。由于生活中大多数的事情属于"小事"，他们不愿意多花心思去做，长久以往，他们习惯了粗心、马马虎虎，养成了轻视、不屑一顾的态度，当"大事"来临时，由于他们平时没有养成对待小事认真、谨慎的态度，所以往往不能把握"大事"，最终"大事"也以失败告终。

我们知道人生的选择往往带有很大的偶然性，也许一件很小的事，也许生活中根本不起眼的细节，都能令人走上不同的人生路径。许多"小事"以"小"的面孔出现，其实它的本质是"大事"。我国古人常说："一屋不扫，何以扫天下"、"千里之堤，溃于蚁穴"，很有道理，如果小事都难做成，将何以成大事？海尔集团总裁张瑞敏说："什么是不简单？把每一件简单的事做好就是不简单；什么是不平凡？把每一件平凡的事做好就是不平凡。"

如何让我们的孩子认真对待生活中的小事，在小事中锻炼能力，最终避免成为以上所提及的这一种人呢？在孩子小的时候，父母对他们的粗心大意、敷衍、轻视怠懒的做法给予必要的纠正和引导，是非常必要的。

宁宁上小学三年级了，学习成绩很不错。老师经常让同学们互相纠正作业中的错误，宁宁和班里的一个同学结成了"纠错队"，每天写完作业之后互相检查有没有出现错误。妈妈发现宁宁在给同学的作业纠正错误的时候很不认真，随便找几个错误就了事，有很多明显的错误，她都没有看到。

妈妈对她的粗心、不认真的态度很忧心。有一次妈妈在宁宁"纠错"完的作业本上又找出了很多错误，于是当着宁宁的面——把这些错误指出来。宁宁看到自己忽视了那么多错误，也很不好意思。

妈妈问她："为什么有那么多错误没看出来？这跟你的能力很不相配，你给妈妈分析一下原因。"

宁宁嘟嘟囔囔地说："纠错这件事本来就不重要，我没必要那么认真，浪费我时间。"

妈妈很严肃地说："不重要？你觉得什么才是重要的事？"

宁宁说："重要的事当然是大事啦！"

"什么是大事？"

"就是学习、考试之类的叫大事。"

妈妈说："你以为纠错是小事就不认真做，但你不知道这世界上根本没有小事，每一件事都有它的重要性，很多人失败的原因都归咎于没有做好小事。"妈妈于是跟宁宁讲了一个小故事：

英国国王查理三世准备与敌人决一死战，这场战斗至关重要，它将决定由谁来统治英国。战斗打响前，查理派马夫去装备自己最喜欢的战马。马夫发现马掌没有了，就吩咐铁匠说："快点给它钉掌，国王要骑着它去打头阵。"铁匠说："你得等等了，前几天给所有的战马钉掌，铁片已经用完了。"马夫着急了："等不及了，国王马上就要用这匹马。"于是铁匠埋头干活，从一根铁条上弄下可做四个马掌的材料，把它们砸平、整形，固定在马蹄上，然后开始钉钉子。钉完了三只马掌，铁匠发现钉子用完了。铁匠说："我要花点时间砸两个钉子。"马夫很不耐烦地说："等不及了，用其他的材料代替。"于是铁匠就凑合着把马掌给钉好了。两军交战的时候，查理国王冲锋陷阵，鞭策士兵迎战敌军。突然，一只马掌掉了，战马跌倒在地上，查理也被掀翻在地上。受惊的战马跳起来逃走了。国王的士兵以为国王中箭受伤了，纷纷转身撤退，敌人的军队包围了上来。查理挥舞着宝剑，伤心欲绝："马！一匹马！我的国家就因为一匹马而倾覆了。"于是，英国人民中流传起这样的歌谣："少了一枚铁钉，丢了一只马掌。少了一只马掌，丢了一匹战马。少了一匹战马，败了一场战役。败了一场战役，失了一个国家。"

妈妈说："一枚铁钉是小事，一个国家的倾覆是大事，可倾覆国家这样的大事却是由一个钉子引起的。为同学纠正作业中的错误看起来是小事，可你马马虎虎不认真，问题都没看出来，不仅辜负了同学的信任，而且养成了粗心的毛病。将来你碰到同类的问题，你会不由自主地用相同的态度对待，你怎么能成就大事？"宁宁很羞愧，向妈妈保证不会再犯这类错误了。

失败的祸根，在于小事中养成了敷衍了事的坏习惯；成功的原因也往往是由于将小事做到尽善尽美、精益求精。培养孩子成才，父母不是只要求孩子在大事中成功就好，而应注意生活中的小细节，让孩子在小事中成才。

一位德国公司的商务经理经常要购买往返于东京与大阪之间的火车票。不久，他发现了一件有趣的事：每当他去大阪时，他的座位总是在列车右面的窗口；而返回东京时又总是在靠左边的窗口。于是他就向每次替他购买车票的东京贸易公司的小姐询问。小姐笑着答道："车去大阪时，富士山在你右边，返回东京时，山又出现在你的左边。我想，外国人都喜欢欣赏日本富士山的风景，所以替你买了不同位置的车票。"这桩不起眼的小事令德国经理深受感动，促使他把与这家公司的贸易额一下子提高了十几倍。

太多的事例告诉我们，小事决定成败。引导孩子做好小事，是父母在家庭教育中的一门必修课。

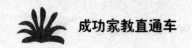

二、宰相肚里能撑船

宽容是智者风范，是一种生存智慧。父母在孩子的生活细节中培养他们学会宽容，是父母给孩子的一份礼物。

林肯先后两次被选为美国总统，他就是用宽容的态度对待政敌的。有人批评他这种态度："你为什么总是试图让他们变成朋友呢？你应该想办法打击他们，消灭他们才对。"林肯对此回答说："我们难道不是在消灭政敌吗？当我们成为朋友时，政敌就不存在了。"林肯面对不同的政治分歧时，不是打击消灭他们，而是用宽容的态度，将政敌变为朋友。他的这种态度得到众人的拥护。今天在以他名字命名的纪念馆的墙壁上刻着这样一段话："对任何人不怀恶意；对一切人宽大仁爱；坚持正义，因为上帝使我们懂得正义；让我们继续努力去完成我们正在从事的事业；包扎我们国家的伤口。"

在生活细节中培养宽容的孩子，需要父母有颗宽大慈悲的心。

✎ 每个人都有缺点

玲玲放学回家，气呼呼的。妈妈知道她最近在帮老师排练年级的合唱比赛，不知道谁又惹着她了。

妈妈问玲玲："怎么不开心啊，学校里发生不愉快的事了吗？"玲玲气鼓鼓地说："还不是我们班那个黄可，她明明就五音不全，还要参加合唱比赛，弄得大家总是跑调。"

妈妈问她："她是不是总是不集中注意力，调皮捣蛋，影响其他同学的发挥？""怎么会，她唱得比谁都认真。就是因为这样，我才生气，唱不好就别唱，那么卖力，还唱那么难听，干脆闭着嘴巴不发出声音最好。"

妈妈严肃地说："黄可是有缺点，她发音不标准，需要一段时间的纠正，你们是同学，同学之间应当互相帮助，而不是相互指责，你说是不是？"玲玲说："可她唱那么难听，会影响班级的排名的。"

"她是唱得不好，但作为同学，你是不是应该提供必要的帮助？比如教她怎么发声，帮她建立正确的音乐概念。可你不仅不帮助同学克服缺点，反而对她努力改正缺点的态度加以嘲笑。你觉得这样好吗？"

玲玲不满意了："我没有嘲笑她改正缺点的态度。"

妈妈说："黄可在发声练习的时候，知道自己唱得不好，所以非常认真地参加排练，连你自己都说她唱得比谁都卖力。她这样的努力态度，不仅没有得到你的赞扬，反而成为你生气的理由，你说说你这样的态度跟黄可认真改正的态度相比，哪个值得表扬哪个值得批评？"

玲玲想到黄可在排练的时候表情那么认真，唱那么声嘶力竭，大家不仅没有对她的努力加以肯定，反而纷纷指责她把班级的音调带跑了。黄可那时候手足无措地愣在原地，委屈地快哭了。玲玲突然觉得大家不应该这么对黄可。她跟妈妈说："我知道错了，黄可已经够努力的了，我不该指责她。"

妈妈对玲玲说："每个人都有缺点，就像你自己每次吃饭的时候挑食，不爱吃豆角和土豆一样，别的同学也会有这样那样的缺点。你们班的小洋，超重那么多，影响自己的身体健康，这是他的缺点；你们班的明明，上课总是抢风头，上次还气得你直哭，这是他的缺点。人无完人，没有人身上找不出一点毛病来。关键是我们对待别人缺点的态度，我们是要用怎样的态度对待别人的缺点呢。小洋因为体重超重，自己本来就已经够难过的了，还要遭同学嘲笑；黄可知道自己唱不好听，所以特别卖力地去唱，渴望提升自己的水平，得到大家的认可，结果同学们不仅不帮助她，还要指责她。你说，假如有人对你的缺点嘲笑指责，你会不会难过？"

　　玲玲知道自己错了。第二天到学校之后，向黄可道歉，并倡导班里的同学帮助黄可在发声上遇到的困难。经过一段时间的努力，黄可的声音再也不像以前那么难听了。玲玲的班级在大家共同的努力下，以优异的成绩获得了合唱比赛的第一名。

　　我们经常听孩子在家里抱怨身边的人，指责这个身上的毛病，批评那个身上的缺点。可现实却是，每个人都有缺点，在孩子批评别人缺点的时候，他的不宽容不谅解也成为了他的缺点。

　　孩子批评指责别人的缺点，父母应该对他们的这种态度加以抑制，纠正这种错误的思想和行为。正确的做法是：父母首先不在孩子面前说人长短。有些家长在谈及其他人时，总是带着自己的观点，甚至在孩子面前都不知收敛。孩子认为很好的人，如自己的老师、朋友、亲戚，父母却没有顾忌地挑剔他们的缺点，说他们的坏话。久而久之，孩子也学会用指责的态度挑剔别人的缺点了。父母是孩子的模仿对象，父母对待别人缺点的态度会影响孩子对待他们的态度。宽容的父母以宽容的态度对待别人，孩子就宽容谅解；挑剔的父母以指责的语气对待他人，孩子就心胸狭隘。无论你是什么样的父母，在孩子面前，都请成为宽容的父母，不要让孩子生活在挑剔指责的环境中。

✎ 站在别人的角度去体谅

　　有一种思考方式是换位思考，就是指站在别人的角度设身处地地考虑问题，从而对别人的感受和做法感同身受。在换位思考中，我们将自己的内心世界，如情感体验、思维方式等与对方联系起来，站在对方的立场上体验和思考问题，从而与对方在情感上得到沟通，将心比心地了解对方的处境和感受。

　　一位作家到医院输液，年轻的护士为她扎了三针都没扎到血管里。眼见针眼泛起了青包，作家在疼痛之时正想抱怨几句，抬头却看到了小护士额头上已经布满了汗珠。于是作家安慰她说："不要害怕，再扎一次试试。"于是第四次小护士扎成功了。她松了一口气，连声道歉："阿姨，真对不起，我是第一次扎针，您是我的第一位病人，要不是您鼓励我再扎一次，我真的不敢再扎了。"作家告诉她说："你让我想起了我的女儿，她在医科大学读书，我只希望她也能得到她的第一位患者的宽容和鼓励。"

站在别人的立场和角度看待问题，人与人之间往往能够多一分理解和宽容。在家庭教育中，父母应该培养孩子换位思考的能力，鼓励孩子站在别人的角度看问题，对别人多一些理解。

玲玲睡觉前缠着妈妈给她讲故事，妈妈就给她讲了"宰相肚里能撑船"的故事。

古时候，有个年近古稀的老宰相，娶了个名叫彩玉的小媳妇。彩玉自从嫁给了老宰相，心里总是闷闷不乐，暗地里埋怨父母不该把自己嫁给一个老头子。有一天，她在后花园碰到了年轻的管家，两人一见钟情。可是老宰相除了上朝之外都待在家里，两人能在一起的时间太少了。后来，彩玉发现了老宰相的起床规律，原来，老宰相怕耽误了早朝，专门养了一只朝鸟。这鸟天天五更就叫，老宰相听到鸟叫，就起来上朝。彩玉就叫管家四更起来用竹竿捅朝鸟，让它提前叫唤，这样两个人就能有更多的时间在一起了。这天，老宰相听到朝鸟的叫声，连忙起来。可来到朝房门外，刚好才四更。他想，这鸟怎么叫得不准了。转身回家发现了真相。但他并没有声张，又上朝去了。春去秋来，转眼到了中秋，中秋之夜，老宰相叫来彩玉和管家。作诗道："中秋之夜月当空，朝鸟不叫竹竿捅。花枝落到粉团上，老姜躲在门外听。"彩玉和管家一听，知道事情被发觉了，赶忙跪下谢罪："大人不把小人怪，宰相肚里能撑船。"老宰相见他们诚心认错，知道这事也不能怪他们，于是就给了俩人白银千两，让二人成了亲，远走他乡，一起生活。

妈妈讲完了故事，问玲玲："彩玉嫁给了老宰相，为什么闷闷不乐？""因为老宰相已经年近八十，可彩玉才二十不到，彩玉感到不幸福。"

妈妈又问："每个人都不愿意自己的亲人背叛自己。老宰相有很高的声誉，必然也很要面子，玲玲也一样。假如你是老宰相，当你的面子受到打击，你会怎样做？""我肯定会很生气，处罚他们两个人。"

妈妈说："如果你是老宰相，你当然有权力处罚他们。你处罚了他们之后，心里会觉得很解气。可是彩玉和管家被处罚了，会不会对老宰相怀恨在心？如果你是彩玉或者是管家，你希望老宰相怎么对待你？""彩玉和管家肯定希望老宰相能够原谅他们，如果我是他们中的一个，当时肯定特别害怕，希望老宰相能够放过我。"

"老宰相并没有处罚彩玉和管家，你觉得他这样处理事情，对不对？""老宰相很宽容、大度、心胸宽广，这样处理事情，既不会让彩玉和管家怀恨在心，也没有让自己愤怒不堪，是很好的处理方法。"

妈妈听到玲玲这么说，很高兴，她告诉玲玲："在生活中，我们经常会遇到不顺心的人和事情，这些事情让我们愤怒、生气，但妈妈希望每到这个时候，玲玲都能设身处地地想想令我们烦恼的人他们的感受；在你做决定之前，想想你这么做会不会令他们感到难过。好吗？"玲玲肯定地点了点头。

妈妈又为玲玲讲了一个故事，也是关于宽容大度的。

有一个从越战中幸存的士兵。他从旧金山给父母打电话，告诉他们说："爸爸妈妈，我回来了。可我有个不情之请，我想带着一个朋友一起回家。""当然好啦。"爸妈回答："我们会很高兴的。"士兵继续又说："可是我要先告诉你们一件事，我这位朋友在战争中受了重伤，少了一条胳膊和一条腿，他现在走投无路，我想带他回来和我们一起生活。"爸妈觉得无法接受这样一个人来到他们家，爸爸说："儿子，我觉得很遗憾，像这样的人会给咱们的生活造成很大的负担，咱们自己还有自己的日子要过，他要是来到咱们家，不能干活还要吃饭，处处需要人照顾，他会破坏咱们家的生活的。你先回来，然后忘了他，他会找到自己的生活的。"就在此时士兵将电话挂断了，他的父母再也没有了他的消息。几天后，这对父母接到来自旧金山警局的电话，告诉他们他们亲爱的儿子已经坠楼身亡了。警察说这只是单纯的自杀事件。当父母伤心欲绝地飞往旧金山，在警方带领下见到儿子的遗体时，他们发现儿子居然只有一条胳膊和一条腿。

玲玲显然被这个故事震惊了，呆呆地看着妈妈，许久不说话。妈妈说："对别人宽容就是对自己宽容。这个士兵的父母不能接受儿子带着另一个伤残人员来到家里，不能容忍自己的生活被别人破坏掉，最终失去了自己亲爱的孩子。如果他们能够设身处地为儿子口中提到的'朋友'多考虑考虑，关怀他的生活处境，他们或许就不会失去儿子。"

对别人的宽容就是对自己的宽容，设身处地站在别人的角度去思考问题，不仅能够感受到别人的苦难，还能作出最正确的决定。

玲玲自从经历了班级合唱的事，又从妈妈那儿听到了许多有关宽容大度的故事，以后无论遇到什么事都能够怀着一颗宽容慈悲的心，去考虑别人的感受。她总是说，这样做某某会不会不高兴，这样说话某某会不会难过之类的话，让妈妈感到很欣慰。

✎ 原谅别人的错误

拿破仑率领的部队宿营在一个小镇，小镇生产葡萄。有一个士兵感到口渴，找不到水喝，就悄悄摘走一串葡萄，在葡萄架下吃完了。第二天葡萄园主人发现地上的葡萄皮，立刻断定是某个士兵偷吃的。他找到拿破仑很生气地说："你手下的人偷吃了我的葡萄，必须查出来是谁干的。"拿破仑连忙赔不是，并拿出钱赔偿葡萄园主的损失，葡萄园主这才消了气。

拿破仑心想一定要严厉查办偷吃葡萄的士兵，但眼下正是用人之际，惩罚一个士兵，可能会影响到全军的士气。而且士兵们常年打仗，吃了不少苦头，见到葡萄能不想吃吗？于是他只是对士兵们说："有人没有经过上司和葡萄园主人的同意就偷吃人家的葡萄，有失军纪。我已经向葡萄园主人赔礼道歉了。这件事我不想再追究，但我希望像这类私自拿人东西的事情在我的部队里不要再发生了。"

当天中午，那位葡萄园主拎着一篮子葡萄来慰问官兵。拿破仑对葡萄园主人表示感谢，并掏钱给他，说："我的部队从不无故收别人的东西，这是军规。"葡萄园主问："既然你们军规严明，您为什么没有惩罚那个偷吃了葡萄的士兵？"拿破仑说："眼下正是士兵出生入死的时候，他们表现得一直很优秀，如果用一点小事就去衡量一个人的功过得失，就小题大作了。"

在场的士兵无不感动，那位偷吃了葡萄的士兵勇敢地站了出来，向拿破仑行了一个军礼说："葡萄是我吃的。请惩罚我吧。"拿破仑对士兵说："这一次我原谅你，但以后决不许再出现这类事情。"士兵又向葡萄园主道歉说："对不起，是我偷吃了葡萄，我愿意加倍赔偿您。"葡萄园主并未怪罪他，说："你的首长已经替你赔偿过了，希望你以后好好约束自己，不要再令首长为难。"

就这样，拿破仑用宽容平息了"葡萄事件"。那位士兵跟随拿破仑南征北战，每次战斗他都勇往直前，立下了赫赫战功。

拉瓦格曾经说过："没有宽容过敌人的人，从未享受过人生最大的乐趣。"原谅别人的错误，用宽容之心对待别人的过失，不仅能让犯错误的人自己幡然悔悟，收到更好的改正效果，还能让自己在事件中得到道德水平的升华。

包布·胡佛是一位著名的试飞员，常常在航空展览中做飞行表演。一天，他在圣地亚哥航空展览中表演完毕后飞回洛杉矶。可是在300米的高空，包布所驾驶的飞机出现故障，两个引擎突然熄火。凭着过硬的技术水平，包布驾驶着飞机安全着陆，没有造成人员伤亡，但飞机却遭到了严重损伤。

在迫降之后，包布第一时间检查了飞机燃料，正如他所料，他所驾驶的螺旋桨飞机居然使用的是喷气式飞机的燃料而不是汽油。回到机场，包布要求见见为他保养飞机的机械师。这位年轻的机械师正在为自己所犯的错误难过，他泪流满面地忏悔着自己的错误。由于他的疏忽大意，造成一架非常昂贵的飞机的损失，还差一点要了飞机上三个人的命。

大家都以为包布会大发雷霆，因为这位极有荣誉感、事事求精确的飞行员不能容忍任何疏忽。但出乎所有人的意料，包布并没有批评这位机械师，因为他知道机械师已经意识到自己的错误，从他痛哭流涕的神情中包布已经知道他以后不会再犯这类错误。包布用手臂抱住他的肩膀说："为了表示我相信你不会再犯错误，我要你明天再为我保养飞机。"包布的宽容让所有人都感到钦佩。

在家庭教育中，父母如何帮助孩子建立宽容的态度，培养孩子的宽博之心呢？这需要父母用宽容之心作为先导，将宽博厚爱从小灌输到孩子的思想中，成为孩子行动的出发点。

在家庭小事中，对孩子所犯的小错误，父母不要揪住不放，而要以身作则地教育孩子怎样学会宽容。

我以前看过一个小女孩写的作文，大概内容是这样的：中秋节，一家人高高兴兴地聚在一起。大家吃饭聊天、看电视节目，气氛好极了。小女孩非常高兴，感到家庭十分温暖，觉得爸爸妈妈是自己的两个守护神，给了自己一个物质和精神都很和谐的家庭。这个时候，妈妈喊小女孩取事先准备的月饼，分给大家吃。小女孩高高兴兴地去取了。妈妈准备了两盒月饼，小女孩个子矮小，本来只能一次拿一盒，可是由于她太高兴了，想把两盒月饼一起拿出来，结果两盒月饼全都掉在了地上，包装盒一下子破了，月饼滚了出来。小女孩吓住了，害怕爸爸妈妈骂，只能战战兢兢地承认错误。果不其然，妈妈狠狠地批评了她，说了她一遍又一遍，一个好好的中秋家庭聚会的气氛就这样被破坏了。小女孩不仅没有在妈妈的批评中得到什么启发，还把刚刚认为的自己家庭很和谐、爸爸妈妈是守护神之类的想法全盘推翻了。

在家庭中，父母对孩子所犯错误的态度不仅影响孩子的内心情感，还阻碍孩子树立宽容的人生态度。父母批评孩子所犯的错误本来无所厚非，但有时候孩子已经意识到自己错了，知道自己的错误在哪儿了，父母还要揪住不放，将这个错误一遍又一遍地重复。父母这样做大概是希望通过一顿严厉的批评让孩子记住教训，避免以后再犯同类的错误。但事实并非如此。严厉的批评不仅不会阻止孩子继续犯错，还会造成孩子内心的阴影，让孩子产生父母并不爱自己，外界任何事物都比自己重要的想法。如果孩子在家庭中动辄得咎，一点点错误就被父母无限地放大，孩子怎么能不有样学样，怎么能不揪住别人的缺点不放呢？

作为父母，我们对孩子所犯的错误进行批评之前心里必须做个衡量：孩子是否意识到自己的错误，是不是必须经过一顿批评他才能知道自己错了。如果孩子没有意识到自己错了，父母才能对孩子进行批评；可如果孩子已经知道自己犯了错，并且保证以后不会犯同类的错误了，父母最好收起批评他的决定。永远记住，批评孩子的目的是让孩子知道他犯了错误，这个错误很严重，以后不能再犯。只有宽容的父母才能教育出宽容大度的孩子。

晶晶有时候并不懂得得饶人处且饶人的道理，她习惯揪住别人的小错误不放，让爸爸妈妈觉得很苦恼。这天妈妈从书上看到一则特别好的故事，就让晶晶读给她听。故事大概讲述了两个朋友之间相互宽容的事情。

在"二战"期间，一支部队在森林中与敌军相遇。激战过后，两个来自同一个小镇的战士莫利和菲利普与部队失去了联系。他们两个人在森林中艰难跋涉地前进，相互安慰，相互帮助。可是十天过去了，他们仍然没有跟部队取得联系。他们身上带的粮食本来就不多，这么多天几乎都是靠森林里的野果来果腹，再找不到部队，他们就要被饿死了。这天两人在森林里打死了一只鹿，依靠鹿肉，两人又艰难地度过几日，可是战争使动物四散奔逃，这以后两个人再没有碰到一只动物，他们身上仅剩一点鹿肉，背在莫利的身上。可是祸不单行，他们又一次遇到了敌人，经过一场激战，两人巧妙地避开了敌人。就在他们以为安全的时候，只听一声枪响，走在前面的莫利中了一枪。还好是伤在肩膀上，没有危及生命。后面的菲利普连忙惶恐地跑了过来，抱着战友的身体一直流眼泪，并赶紧把自己的衬衣撕下来包扎战友的伤口。晚上，未受伤的菲利普一直叨念着母亲的名字，他们两人都以为过不了这一关了，但尽管饥饿难忍，他们谁也没动那块鹿肉。幸好第二天，部队救了他们。

时隔30年，当初受伤的那位战士莫利说："我知道当初是谁开的那一枪，他就是菲利普。当初他抱着我的时候，我碰到了他发热的枪管。我知道他是想独吞我身上的鹿肉，也知道他是想为了他的母亲必须活下来。所以当天晚上我就原谅了他。此后30年我假装不知道此事，也从未提及此事。他的母亲最后还是没有等回他就离开了。我和他一起祭奠了老人家。那一天，他跪下来，请求我原谅他，我没让他说下去。我们又做了几十年的朋友。"

晶晶读完书上的故事，不太能理解莫利为什么那么快就原谅了向他开枪的菲利普。妈妈就跟她解释说那是由于宽容的力量："世界上有一种人内心很宽广，他们不斤斤计较身边人的错误，总会愿意原谅别人的小缺点小错误。由于他们不把别人的错误记挂在心上，所以这种人活得比一般人更快乐。莫利当然也可以不原谅菲利普，但如果是这样的话，在以后的生活中莫利不仅让菲利普生活在痛苦和悔恨中，也让自己生活在责难与苦难中。因为错误已经铸成，就算记恨一辈子也于事无补。可是如果用宽容的心态去对待去原谅，莫利就会得到菲利普的认同，两个人就还是朋友，以后无论再发生什么事，菲利普都不会再背叛莫利。"

晶晶对这则故事感触很深，过了几天自己又在故事书上看到一则故事，回家跟爸爸妈妈探讨交流。这个故事大概是这样的：

阿拉伯传说中有两个朋友在沙漠中旅行，在旅途中的某个地方，他们两个吵架了，其中的一个还给了另外一个一记耳光。被打的那个觉得受到了侮辱，一言不发，在沙子上写下："今天我的好朋友打了我一巴掌。"他们继续前行，到了沃野地区，他们就决定停下来。被打巴掌的那个差点被淹死，幸好被朋友救了出来。被救起之后，他拿了一把小剑在石头上刻了："今天我的好朋友救了我一命。"一旁好奇的朋友问："为什么我打了你之后，你要写在沙子上，而现在却要刻在石头上呢？"另一个笑着回答："当被好朋友伤害时，要写在容易忘记的地方，风会负责抹去它。相反，如果被帮助，我们要把它刻在心灵的深处，任何风都不能抹灭它。"这个故事最后得出的结论是：朋友的伤害往往是无心的，帮助却是出自真心，忘记那些无心的伤害，铭记那些对你真心的帮助，你就会发现这个世界上你有很多朋友。

晶晶问爸爸："莫利是不是因为菲利普是自己的好朋友，知道好朋友的伤害往往是无心的，而好朋友对自己的帮助是有心的，才愿意去原谅菲利普所犯下的错误？"爸爸对她说："就算莫利和菲利普不是好朋友，莫利也会原谅菲利普的，因为一个人的心胸决定了他以后生活的快乐程度。一个懂得宽容的人活得往往比心胸狭隘的人更幸福，从表面上看起来，是莫利原谅了菲利普，但其实是莫利在原谅菲利普的同时也给了自己一个解脱的机会，让自己从痛苦和记恨中走了出来。"

晶晶通过莫利和菲利普的故事，对宽容有了某些了解，再也不像以前那样斤斤计较，揪住别人的错误不放了。

李嘉诚早年由于生计所迫，14岁就到港岛西营盘的春茗楼当了一名小伙计。在这间茶楼，发生了一次让李嘉诚终生难忘的"饭碗危机"。一位生意人在大谈生意经，李嘉诚听得入迷，竟然忘了伺候客人茶水。待听到大伙计叫唤的声音，这才慌里慌张地持茶壶为客人冲泡茶水，结果不小心把滚烫的茶水洒到了客人的裤腿上。老板立刻跑过来，正要斥责李嘉诚，不料那位茶客却为李嘉诚开脱说："不怪他，是我自己不小心碰了他。"茶客走后，老板对李嘉诚说："我知道是你不小心把水淋到了客人的裤脚。以后做事一定要小心，万一有什么过失，要赶快向客人赔礼，说不定就能大事化小。这位客人心善，若是恶点，不知道会闹成什么样子。开茶楼，老板伙计都难做。"李嘉诚的母亲知道这件事情后，说："客人和老板都是好人。"她还经常告诫儿子："种瓜得瓜种豆得豆；积善必有善报，作恶必有恶报。"李嘉诚从此再也没有见过那位好心的茶客，他成为香港大富豪之后对所有人说："这虽然是件小事，在我看来却是大事。如果我还能找到那位客人，一定要让他安度晚年，以报答他的大恩大德。"

茶客的一次宽容，让李嘉诚保住了饭碗，并让他永生铭记了宽容对人对己都有好处。

在家庭生活中，父母要擅于把握教育的机会，让孩子在获得真知识的同时得到实时教育，这样孩子才能够在恰当的时机学到对自己有用的东西。

✎ 己所欲勿施于人

宽容还有另外一层含义，就是不要强迫别人去做他自己不想做的事。强迫别人去做事只能收到两种结果，不是事情被做得一塌糊涂，就是这个被强迫的人不愿意去完成任务，就算事情做成了，最后却使两方面的关系恶化了。

在上古尧帝的时候，洪水滔天，国家被一片白茫茫的洪水淹没，人民每天生活在洪水中，苦不堪言，尧帝就派了一个叫大禹的人去治理洪水。大禹接受治理洪水的任务的时候，他刚刚和涂山氏的一位美丽姑娘结婚。但当他想到人民生活在水中，每天都有人被水淹死的时候，心里就升起一种责任感，像自己的亲人被水淹死一样难过。于是他告别了妻子，率领治水部队开始了治水工程。他夜以继日地疏通河道，在治水过程中，大禹三次经过自己的家门都没有进去。经过十几年的努力，终于疏通了九条大河，使洪水流入了大海，消除了水患。

到战国的时候，有一个叫白圭的人有一次跟孟子谈到大禹治水之事。他说："如果让我来治理洪水，我一定能比大禹做得更好。只要我把河道疏通，让洪水都流到邻近的国家就好，那不是比大禹省事得多吗？"孟子很不客气地对他说："你错了。你把邻国作为聚水的地方，洪水肯定会流回来，这样造成的伤害更大。有仁德的人，是不会这么做的。"

大禹治理洪水，凡事为百姓着想，对百姓的苦难感同身受，所以得到了百姓的拥护；而白圭谈起治水，只为自己着想，根本就不顾及别人的感受。这样的想法和行为必然会害人害己。白圭当然也不愿意邻国将自己的国家作为沟壑，成为洪水淹没的地方；他不愿意别人这么对待自己，却想着这么对待别人，将自己不愿意的事情推到别人头上，让别人遭难。这种行为不是仁者所能做出来的。

我国古人所说的"己所不欲勿施于人"就是说不要把自己不想要的施加给别人，否则会造成别人的痛苦。我国古人还有"己所欲勿施于人"的说法。

有一天，一只海鸟停落在鲁国的城郊，鲁侯以为它是一只神鸟，就令人捉住了它，以非常丰盛的宴会来欢迎它。鲁侯派人驾车来迎接它，在宗庙里招待它，演奏只有国君才能听的《九韶》之乐来娱乐它，准备牛、羊、猪三牲的肉作为它的食物。海鸟却并不开心，它忧愁悲伤，一块肉也不敢吃，一杯酒也不敢喝，再也不像以前那么欢乐地叫了，不出三天，它就死去了。

鲁侯用自己所喜欢的东西来招待鸟，他认为自己喜爱的东西鸟也喜爱，可他的盛情却让鸟惶恐不安，不吃不喝，最后死去了。鲁侯对待这只鸟，并没有考虑到鸟真正需要的是什么，他的盛情都是出于自己的意愿，并不是鸟所希望得到的待遇。

我们现在的父母大都能做到"己所不欲勿施于人"，孩子是他们最疼爱的人，他们对自己的孩子都是尽其所能，给予最好的。所以在家庭中，不存在父母和孩子之间"己所不欲勿施于人"的事情。但父母却常常将自己想要的施加给孩子。

我们的父母在小时候受到生活条件的限制，青少年时期生活得并不好，很多想得到的东西没有得到，想要实现的理想没有机会实现。为了弥补自己心里的失落感，他们就希望从孩子身上进行补偿。他们想让自己的孩子拥有自己想要的生活，比如让孩子考上个好大学，让孩子学习自己想学却没有学到的东西。可是我们有没有想过这些东西都是父母想让孩子得到的，并不是孩子自己想要的，它们多数是父母强行加给孩子的。

上面的做法我们可以概括为"己所欲勿施于人"。"己所欲施于人"和"己所不欲施于人"一样，都是将自己的想法强加给别人，不同的地方在于一个是出于恶意，一个是出于好心，但究其本质，都是一种野蛮的、自私的行为。这两种做法都没有考虑到别人的需要，忽视甚至漠视了别人的想法。

在家庭教育中，父母为了让孩子获得更多的知识，让孩子不输在起跑线上，往往将自认为好的东西强行施加到孩子身上。孩子在学校学习了一天之后，回到家本来想多玩一会儿，爸爸妈妈却让他上各种补习班，完成各种作业，压得孩子喘不过气来。由于父母这种做法没有建立在孩子认同的基础上，孩子不仅不能从中学到更多的知识，反而会反感父母的逼迫，与父母产生冲突。

现在社会竞争激烈，升学、工作、就业……无论哪一项都越来越难。家长们没有在社会竞争中抢占先机，就把期待的目光投到了孩子身上。于是就出现了各种望子成龙望女成凤的行为：为孩子报一个接一个的辅导班、对孩子学业的监督越来越严格、把孩子的成绩看得无比重要。家长之间的攀比行为愈演愈烈，看到别人的孩子学了乐器，马上为自己的孩子报舞蹈班，看到别人的孩子学了画画，马上就为自己的孩子报名外语特长班。家长们忙着为孩子规划未来，可是孩子的压力却越来越重了。

美国媒体日前对少年儿童综合素质能力进行评测，其中中国儿童的能力明显高于西方国家。报道说："上海地区的中小学生，乃至幼儿，其综合素质能力较美国、欧洲等西方国家同年龄段的高出不少。"这样的报道还有很多，但这并不是说我们孩子的能力比西方国家孩子的高，恰恰相反，这是我们牺牲掉了培养孩子未来生活和工作能力的时间换来的。这些报道的内容是必然的结果，我们的应试教育将社会竞争机制引入中小学甚至学前教育机构，让孩子牺牲了童年的幸福时光去竞争去拼搏。孩子没有时间去玩耍，自然失去了从玩耍中所获得的能力（获得快乐的能力、协调自身的能力、与人交往的能力等）。我们为了孩子的学习成绩、为了父母的攀比之心，粗暴地剥夺了孩子的童年幸福，这是多么得不偿失的事儿啊！

一位朋友的孩子平时成绩不是很好，考试的成绩基本排在班级中上。孩子相当聪明，脑袋瓜的应变能力在班级里是数一数二的。朋友和他妻子对他的学习很少干预，他们夫妇都是明白人，知道不强行干涉孩子的事情，认为培养孩子的能力才是最重要的，因而对孩子的成绩看得不是很重。老师找了几次家长，希望家长督促孩子好好学习。

朋友回来后跟我感慨应试教育的种种缺陷。他说："孩子的老师说我们不关心小孩。因为我们不多给他报特长班，对他的学习督促得不严格。我知道老师是为了孩子以后升学的问题考虑，也不能多跟她讲道理。但是学校只看重学习成绩让我很心痛。我们都很爱孩子，都希望孩子好，但怎么才是爱他待他好？我们无时无刻地把孩子关在学校里逼着他们去学那些他们根本不感兴趣的东西就是对他好？把孩子的时间与精力全都用在死记硬背课文上就是对他好？如果我这么做了，我就是在残害我的孩子。我的孩子目前虽然在学习成绩上稍有欠缺，但我相信他以后走上社会绝对比那些成绩好的孩子强得多！"

诚然，朋友的孩子确实很优秀。他拥有极强的语言表达能力，善于协调与同学之间的人际关系，阅读范围广泛，对体育运动和比赛机制了如指掌，他还很懂礼貌，有一颗同情关爱他人的热心肠。他也上特长班，但并不是朋友逼着上的。他喜欢画画，自己要求报名绘画班，从来没说过不想去了之类的话，现在已经画得很好了。

像这样的孩子，即使目前学习成绩稍有欠缺，他的父母也不用为他以后的生活与工作担忧，因为他已经具备了应对未来挑战的能力。这些能力不体现在学习成绩中，特长班也学不来。家长何必为了成绩而牺牲了孩子的能力？何必把孩子根本就不喜欢的东西强行加在他们身上，让他们的童年过得不开心不快乐？

在宽容的家庭中，孩子上补习班或者兴趣班都由孩子自己决定，父母并不加以干涉。因而孩子从家庭中学到了宽容，宽容成为了孩子自身所具备的一项能力，在他们以后的生活中潜移默化地起到了作用。

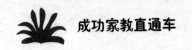

三、乐观是为了活得更精彩

生活是一面镜子，你对它笑，它就对你笑；你对它哭，它就对你哭。如果以悲观的态度面对生活，生活将会报之以悲剧；如果以乐观的态度对待生活，生活将会报之以喜剧。一个人面对生活的态度决定了他生活的幸福指数。乐观是一种积极的生活心态，乐观是指在任何情况下，即使遇到了再不如意的事情，也能保持良好的心态，也相信坏事情总会过去，相信好事情终将来临。

大发明家爱迪生的工厂曾经失火，近百万美元的设备瞬间化为乌有。当六十七岁的爱迪生赶到现场的时候，工厂里的东西已经被烧得所剩无几。员工们都以为面对一堆废墟的爱迪生肯定会大发雷霆、暴怒至极。可是爱迪生却表现得很镇定，他甚至还笑着说："这场大火烧得好哇，我们所有的错误都被烧光了，现在终于可以重新开始了。"面对损失，爱迪生没有悲观伤心，也没有生气发脾气，他的乐观给员工们留下了好印象。爱迪生的态度让大家明白了一个道理：以乐观的态度对待生活中的不如意，不顺心也会变成一件好事；以悲观的心态面对逆境，就算一件好事也会变成坏事。

每个父母都希望自己的孩子身心健康全面发展，可是现在的孩子承受的压力大，容易自我封闭、缺少跟人沟通的机会，在生活中遇到不如意的事情时，容易产生悲观的情绪。孩子未来的生活不可能都一帆风顺，孩子的未来还很长，在漫长的人生道路中总会遇到一些不如意，在这个时候，孩子保持乐观的心态是很重要的。父母在家庭教育中让孩子学会保持乐观的心态，决定了孩子一生中感受生活幸福的能力。

✎ 马粪中的孩子

悲观的人总是看到自己的缺点，乐观的人不断发现自己的优点；悲观的人活得郁闷，乐观的人活得潇洒；悲观的人不会快乐，乐观的人被幸福包围。悲观的人爱拿自己的缺点跟别人的优点相比，因而烦恼不断；乐观的人拿自己的优点跟人的缺点相比，因而自信不断。乐观的人，把挫折视为垫脚石，一点一点迈入人生的精彩；悲观的人，将挫折视为烂泥潭，一点一点陷入人生的困境。

在美国加利福尼亚州有一个普通的家庭，家里有两个男孩子。他们虽然生活在同一个家庭中，但两个孩子的性格却大相径庭，哥哥是彻底的悲观主义者，而弟弟是个无可救药的乐观主义者。父亲觉得两个孩子的性格都有纠正的必要，于是有一天，父亲放了一屋子的玩具给悲观的儿子；放了一屋子马粪给乐观的儿子。父亲分别把两个儿子关在不同屋子里，希望两个儿子的情绪向相反的方向发展。过了一段时间，父亲分别去了两个儿子的房间，想看看悲观的那一个孩子是否乐观了起来，而乐观的那一个是不是得到了某种警示。

父亲先去悲观的儿子的房间。还没进门，父亲就听到了儿子的哭声。父亲很惊讶，就问儿子："你拥有那么多的玩具，为什么还要伤心？"儿子回答说："这些新玩具，总有一天会变旧、变坏，我怎么能不伤心呢？"说完又哇哇大哭起来。

父亲默然。他转身去看乐观的儿子，推开门，却没有看到儿子的身影。父亲叫了两声，见儿子从马粪堆里欢天喜地地钻了出来。父亲见他没有一丝伤感，就奇怪地问他："你房间里就放了一堆马粪，有什么好高兴的？"儿子回答说："爸爸，这里有这么多马粪，肯定有一只小马驹藏在里面，我正在找呢。"

两个小男孩生活在同一个家庭中，由于性格的不同，一个总是悲观失望，每天都活得不开心；另一个却无论遇到什么不顺心的事儿都能保持乐观积极的心态，每天都过得快快乐乐。无疑乐观的那个孩子是幸福的，因为他获得了更多的快乐；悲观的那个是不幸的，因为他的生活总是充满灰暗与悲伤。

在满是玩具的房子里哭的孩子，充满了悲观失望，但凡人生中一点挫折都能把他打到，这样的孩子是禁不起人生的坎坷的，他们的世界本来就是一片灰暗，稍微一点打击就能让他们感到大厦崩塌般绝望。

在现代社会，压力是无时无刻不在的，我们看到太多承受不住压力而自我毁灭的孩子。一个高三补习班的男生因为承受不住学习压力，从学生宿舍楼跳下身亡。有一个十二岁的孩子因为没有写完作业，在学校被老师批评了，回家之后又被姥姥批评了；谁知道第二天早上起来吃完饭背着书包上学的时候，在家门口的一个地方跳楼了。还在作业本上写了遗言：我去死了。青岛杭州路的初中女生由于学习压力大，在居民楼的一角用工具刀割破自己的手腕和脖子，幸亏邻居及时发现。济南三名花季少女，仅仅是因为不堪学校的学习压力，就用喝农药的方式结束了自己年轻的生命。

上面种种事例让我们触目惊心，我们的孩子面对压力和挫折的承受能力让我们忧心。现在的孩子承受着巨大的升学压力，但有些孩子在压力下涅槃重生，有些孩子却用极端的方式毁灭了自己。在我们现代教育体制下，孩子从小学中学到大学的学习过程，所要遵从的是"天将降大任于斯人也，必先苦其心志、劳其筋骨、饿其体肤"的哲理。而仅仅因为小学中学几年的压力就毁灭自己，让那些为孩子付出巨大心血和精力的父母情何以堪？

在满是玩具的房间里哭的孩子让我们为他担忧。这样的孩子在现实社会中难以承担重任，他的悲观不仅给自己造成很大的心理压力，还会影响身边关心他的亲人朋友，让他们为他忧心焦虑。一个人如果被悲观情绪所控制，他的内心将无比痛苦，他的行动能力将受到影响。如果我们走在街上，我们想要问个路，这时候恰好有两个人，一个愁眉紧锁、唉声叹气、双目无神，另一个满脸微笑、容光焕发、神情饱满，你会向哪个求助？毫无疑问，我们都会选择向后者求助。但现实生活中，很多人由于面对生活的巨大压力，把自己变成了一个愁眉紧锁的人。

作为父母，我们希望自己的孩子是那个在马粪里寻找小马驹的乐观的孩子。因为这样的孩子能够在失败与挫折中调节自己的情绪，不会陷入悲观失望的泥淖不可自拔。乐观积极的人生态度，在现实中有说不尽的好处。据研究表明，乐观的人面对疾病，疼痛的敏感度更低；乐观的人不容易患上抑郁症；乐观的人患心脏病的概率明显低于其他人；乐观的人身体免疫力更强，健康状况明显高于一般人；乐观的人容易长寿。

乐观是一种积极的生活态度，在乐观的情绪下，凡事都能顺利开心地解决。

一位哲人这样说过："乐观是孩子的一种能力，那些乐观的孩子对待生活总是充满热情、不怕困难、不怕失败、敢于去尝试……他们更容易取得成功。"培养我们的孩子养成乐观的生活态度，让他们在以后的人生道路上用积极的心态去面对挫折与不幸，是很有必要的。

📎 告诉孩子你能行

父母在家庭教育中，应该注意培养孩子保持乐观心态，重视孩子的心态教育，使孩子得到健康、全面的发展。

你或许发现，你的孩子不管遇到什么事情都要往不好的方向思考。比如妈妈刚刚给孩子订一个周末计划，孩子就会忧心忡忡地问妈妈："我能做好吗？"让他自己动手去做一件事，孩子畏首畏尾地说："我怕最后把事情搞得一团糟。"考试之前，父母正在给孩子打气呢，孩子却说："要是我没考好怎么办？"孩子涉世未深，面对未知的世界和自以为很困难的事情，必然会有一种无力感，害怕自己做不好，害怕做不好之后受到家长的批评。这个时候，父母需要站出来对他们说："别怕，孩子，你能行。"父母要给孩子一定的自信，让他们感到事情并没有想象中的困难，他们就会朝着积极的方向思考。

在孩子们爱看的动画片《海底总动员》中，慈爱的父亲马林对自己唯一的孩子尼莫宠爱有加，他总是一遍一遍地对老师说："我儿子鳍有伤，游泳技术不行。"一次次地叮嘱儿子说："尼莫，别去深海里，你的鱼鳍有伤，你不行，你以为你行，但其实你不行。"在慈爱的父亲的特别"关照"下，尼莫几乎没有做成过一件事，而且还在他向父亲证明自己的一次冒险中被捉走了。但最后尼莫克服了自卑，成功地穿越过急流，实现了逃跑的第一步，堵住了过滤器，证明他能够拥有优秀的游泳技术。不要总是说自己的孩子不行，这只会让孩子觉得自己真的不行，而将孩子本来就拥有的天赋埋没掉。

李小冰的数学成绩不好，所以只要妈妈在家，就经常为他辅导功课。有一次妈妈辅导小冰做数学习题。前面的题目，小冰都正确做了出来。做到最后一道题的时候，妈妈看到题后面有一个小小的"星号"，就说："这道题是思考题，比较难，可做可不做，你要是会做就做，不会做就不要做了。"妈妈的话音刚落，小冰就立刻打了退堂鼓，苦着脸对妈妈说："妈妈，这道题太难了，我不会做。"妈妈见小冰这么没自信，又说："妈妈刚才说错了，其实这个星号的意思是指这道题比一般的题要简单。你昨天做语文作业，当时有一题不就是有一个星号吗？那道题特别简单，你不是一下子就做出来了吗？数学也是一样的，带星号的意思是最简单的题目，你试试，看看妈妈说的对不对？前面比较难的题目小冰都能做出来，这道题，妈妈相信你能做对。"

小冰听了妈妈的话，就开始看题。一会儿就开心地对妈妈说："我知道怎么做了。这道题确实简单。妈妈你看，这道题这样就能算出来了。"妈妈听了小冰的话很开心。因为这道题确实很难，以小冰目前的学习进度要解开它不太容易，可小冰在妈妈的鼓励下，一会儿工夫就自己解开了。

孩子需要鼓励，父母要做的就是教给孩子积极的思考方式，让孩子知道，做这件事很容易，你能做好。

李小冰在刚开始学习滑板的时候，跟大多数的孩子一样，胆怯、害怕摔跤。小冰的妈妈见到孩子摔倒了，本能地伸手去扶，但立刻想到去扶孩子只会让他感到有依赖，不愿意成长。于是妈妈对小冰说："小冰，你能滑好的。不要害怕摔跤，你是男子汉，你能行。"小冰艰难地站起来，顽强地走向滑板，在妈妈的鼓励声中，学会了滑板。

而跟李小冰同时上滑板课的一个孩子至今没学会，原因是孩子的妈妈每次都要跟在身边，生怕孩子摔着了。在孩子学习滑板的时候，无论滑到哪里，这位妈妈就跟到哪里。只要看到孩子没站稳，就要上前扶他，一会儿给孩子递水，一会儿给孩子擦汗，孩子没有自己尝试上滑板的机会，怎么可能学得会。

李小冰的妈妈是个很平凡的中国妇女，她像中国的很多妈妈一样，对孩子付出巨大的心血，对孩子有很大的期望，把希望都寄托在李小冰身上。可是周围的邻居都说她不关心孩子，因为很多事情她都鼓励李小冰去做。在李小冰四岁的时候，妈妈就让他帮忙摆碗筷、擦桌子、清理地板。周围的邻居说李小冰的妈妈是自己偷懒，什么都想让孩子去做，剥夺了孩子正常的学习时间。邻居的话着实冤枉，因为李小冰的妈妈在让孩子帮忙干家务活的过程中，付出了更大的心血，她并不是自己偷懒才让孩子做这做那的，而是要培养孩子的生存能力。李小冰的妈妈这样做才是教育孩子之道。在帮妈妈做家务活的过程中，孩子的生活能力、动手能力都得到了加强，做事情时更有信心了。而邻居家的孩子每天被父母逼迫着上各种补习班，整天垂头丧气的，没一点精神，越到后来，在学习上就越吃力，成绩也没有李小冰好。

李小冰的妈妈显然是个好的家庭教育家，她懂得如何让孩子在家庭劳动中培养动手能力，从而为其他能力的培养打好基础。家长让孩子动手做点家务，不是为了减轻自己的劳动量，而是为了让孩子在简单的劳动中树立信心，在不断的"你能行"的鼓励中建立良好的心态。当孩子遇到困难的时候，平时在做家事中养成的乐观健康积极的心态就能发挥作用，孩子的注意力就会集中在如何解决问题上而不是单纯悲观伤心了。

告诉孩子你能行，孩子在健康积极的鼓励中，让孩子树立乐观的心态，是父母义不容辞的任务。

✎ 尺有所短寸有所长

有的孩子天生聪慧，智商高，什么事情都能很快掌握，在学习上毫不吃力，不费吹灰之力就能完成老师布置的任务；有的孩子天生领悟能力就差，没有那么聪明，读书写作业速度慢，记忆力没那么好。这些天生没那么聪明的孩子在平时上课考试的时候往往下了很大功夫还是比不上那些聪明的孩子。于是就有孩子怀疑自己的能力，产生挫败感，对自己的学习没有了信心，在心里给自己很多负面的评价，比如我是个笨蛋，我不聪明，我学不好之类的想法，甚至不愿意继续下功夫，于是产生各种悲观情绪，神情萎靡。这个时候，父母要正确引导他们认识自己的优点和长处，对自己作出正确的评价。

面对孩子产生的悲观情绪，父母应该及时予以纠正，告诉他们尺有所短寸有所长，要看到自己的优点，拿自己的长处去跟别人比。

曾国藩是清末著名的风云人物，是湘军的创立者和统帅者，是著名的政治家、战略家、理学家、书法家、文学家。官至两江总督、直隶总督、武英殿大学士，封一等毅勇侯。拥有如此成就的曾国藩却并不是个聪明人，甚至可以用笨来形容。曾国藩六岁就入了私塾读书，但他并不是很聪明，天赋也不高。可以说是个比较笨的人，背书都感觉很吃力。

曾国藩自己评价过自己是个很迟钝笨拙的人，别人读书一眼看上二三行，他只能读上一行；别人很快就能想明白的事情，他却要反反复复想上很久还弄不明白。他考秀才考了七年，二十多岁才考中。

有一天晚上，曾国藩在家里背书。白天先生留了作业，有一篇文章需要背诵。曾国藩先朗诵后背诵，可是不知道重复了多少遍，就是背不下来。曾国藩是个很要强的人，就一遍一遍地背，不背下来就绝不睡觉。夜已经很深了，可他还是没有背下来。曾国藩不紧不慢地背诵，却急坏了一个人。原来，这天晚上，曾国藩家里进来了一个小偷，就潜伏在他书房的屋檐下，想等他读完书睡觉之后再进屋偷东西。可是贼人在外面等啊等啊，就不见曾国藩睡觉。不知情的曾国藩只顾着在那里翻来覆去地读那篇文章呢。贼人最后实在等不下去了，他十分生气地打开窗户跳了进去，对苦读文章的曾国藩说："你怎么这么笨？这篇文章我听了几遍就背下来了，你读了那么多遍却还没背下来。你这么笨还读什么书？"贼人当着曾国藩的面将那篇文章从头到尾背诵了一遍，然后扬长而去。剩下曾国藩愣愣地坐在那里。

那个贼人确实很聪明，只听了几遍文章就能背下来，记忆力好极了。这个贼人居然还很有胆魄，敢当着曾国藩的面跳出来，还要教训人，还要背书，然后大摇大摆地离开了。但是可惜了他如此聪明的脑袋，居然用来做贼。曾国藩虽然没有贼人那样聪明的脑袋那么优秀的天赋，但好在他勤奋，肯下功夫，最后成了一位了不起的大人物。

正是因为曾国藩迟钝笨拙，才能用心治学。在学习上没弄懂一个问题时，绝不开始下一个问题，不读完这本书就绝不再读另外一本。在他的学习生涯中，没有什么成功秘诀，他成功的秘密就是肯下功夫，勤奋，踏实。曾国藩就是个不聪明的，但这个不聪明的人最后却取得那么伟大的成就，而那些比他聪明的比他智商高的，最后却都湮没在历史的洪流中，没有人记住有关他们的只言片语。

孩子在学习中、在与其他孩子的相处中，可能会产生我怎么这么笨、我怎么什么都比不上别人的想法，这种想法如果继续发展下去，会令孩子产生悲观失望的情绪，这些不好的情绪可能会影响孩子之后的学习生活。让孩子从这些想法中解脱出来，就要培养孩子的乐观精神，让他们明白自己虽然有些地方比不上别人，但身上是有优点的。

可是在现实生活中，我们常常听到一些父母对自己的孩子说这样的话："你看人家明明见到长辈多么有礼貌，你怎么都不知道跟叔叔阿姨打招呼"、"你看你们班某某学习成绩多好，你怎么就是学不好"、"你怎么那么笨啊，什么都学不会"、"跟你说了多少遍要洗手，你怎么不知道讲卫生啊"等等之类的话。有些父母在批评孩子的时候还不知道分场合，公然在人前训孩子。父母的这种做法忽视了孩子的自尊心，只考虑到自己出一时之气，给孩子造成了不可磨灭的坏印象。时间长了，孩子从心理上感觉自己不如别人，逐渐丧失自信心，产生悲观消极的情绪，让孩子变得越来越自卑。

有时候我们不要怪自己的孩子为什么总是消极悲观，孩子有这样的情绪出现一点也不奇怪，在家长这样那样的暗示下，他们心里早就留下了"我是个笨孩子"、"我什么都学不会"的想法了。所以在帮助孩子建立乐观心态之前，父母最好检查一下自己是不是无意中用言语刺伤了孩子的自尊，然后作出改正。

场景一：倩倩这次期中考试没有考好，晚上闷闷不乐地回到家。妈妈问倩倩："怎么啦？怎么不高兴？"倩倩怯怯地说："我这次考试没考好，成绩很不好。"妈妈拿着试卷一看，数学考80分，一向比较好的语文居然才考了90分。妈妈火气立刻上来了："你怎么回事？你考这点分能干什么？你看看隔壁的小福，人家这次语文考了99分，数学考了100分，你怎么那么不争气！"倩倩哭着向妈妈道歉，保证下次一定会考好。可是倩倩心里难过极了，觉得自己处处比不上别人，妈妈总觉得她什么都学不好，既然这样，还不如不学了呢。

场景二：嘉嘉这次期中考试没有考好，晚上闷闷不乐地回到家。妈妈问嘉嘉："怎么不高兴了？"嘉嘉说："我这次考试没有考好，成绩不理想。"妈妈拿起试卷一看，数学考了70分，一向比较好的语文也才考79分。妈妈对嘉嘉说："妈妈知道没有考好你自己心里很难过，妈妈就不批评你了。"妈妈又说："这次考试排在你前面的有 40 个同学，妈妈相信下次嘉嘉一定能超过很多同学，名次往前的。"嘉嘉很有信心地说："妈妈，我下次一定能考好，超过他们。"妈妈用赞扬的语气说："嘉嘉有这样的决心值得表扬，不过，这次考试是个教训，咱们先总结总结教训，再继续努力。你说说这次没考好的原因是什么吧。"嘉嘉开始跟妈妈分析原因，把做错了的题目全部重新梳理了一遍，并总结了一下错误的类型，然后很有决心地回房间看书去了。

上面两个场景反映了不同的处理方法。同样是孩子考试没有考好，倩倩的妈妈和嘉嘉的妈妈做出了不同的反应。倩倩的妈妈只顾着发脾气，让倩倩心里产生了忧虑自卑的感受，还产生了厌学情绪。而嘉嘉的妈妈用温和的方式把焦点集中到分析试卷和错误情况上去，让嘉嘉认识到了自己的不足，对自己的现状作出分析，并产生下次一定好好考的决心。

父母是怎么对待孩子的，孩子就会产生相应的变化，简单粗暴的方式不会令孩子吸取教训，只能让孩子越来越自卑消极。不要随便批评孩子，孩子有自尊，渴望有人认同他的感受、理解他的心情、鼓励他下次努力，如果父母只是指责他，他怎么能对自己建立信心，成长进步呢？

✎ 培养乐观的孩子

乐观是孩子面对未来挫折的武器，有了这个武器，孩子才能保护自己的心灵不被外界的打击所伤。培养孩子的乐观心态，需要父母注意自己在生活细节中的言行举止，给孩子一个乐观开明的环境。

1. 爱让家庭充满阳光。

作为父母，应该让孩子感到自己是家庭的支柱，是可以依靠的大树，让孩子随时从这里得到坚定的支持。父母的爱是孩子力量的源泉，内心充满父母关爱的孩子，对人生持有积极的态度，即是生活偶尔出现困难的境遇，他们依然能够保持积极的态度。

我们来看看这样的场景：

妈妈让小明解一道数学题，这道题妈妈同事的孩子下午做了出来，同事在大家面前扬扬得意地炫耀了孩子的成就。小明对着题目冥思苦想，就是解不出来。妈妈皱着眉头不耐烦地说："这么简单的题目你都不会，笨死了！你看那谁谁，一下子就解出来了，你饭没比人少吃，怎么就那么笨呢。"

小明数学考试得了95分，非常高兴，兴冲冲地跑到妈妈跟前："妈妈，你看，我考了95分哦！"妈妈看了成绩单一眼，满脸不屑："才95分，你炫耀什么？某某考了100分，你啥时候能考个100分回来，再给我说。"

孩子的自尊心很强，家长如果不顾他们的面子，肆意进行呵斥、惩罚，会让孩子情绪低落。身为父母，最忌讳对孩子表现出挖苦讽刺，损伤孩子的自尊心，让孩子失去学习的信心。我们是孩子的依靠，要用关爱和理解去对待孩子，让孩子感受到家庭的温暖。

但是父母盲目的疼爱和吹捧，也会挫伤孩子的自信心。孩子对过分的夸赞有着强烈的感受，父母也不要为了取悦孩子而说出言不由衷的夸奖的话。

2. 外面的世界很精彩。

活泼开朗、善于与人相处的孩子容易受到同伴的欢迎和喜爱，也容易适应新的环境，较少产生悲观情绪。不善于交际的孩子多数内向、抑郁，因为他们得不到友情的温暖，内心压抑的时候缺少谈论的对象。

可是现在的家庭多数是独生子女，因为缺乏同龄的伙伴，接触的人少，容易产生自我中心、攻击性强、不合群等问题。培养乐观的孩子，家长可以鼓励孩子多交朋友，特别是同龄的朋友，孩子谈心的朋友多了，压抑的感受会降低很多。

在平常生活中，父母尽可能为孩子创造与外界接触的机会，父母可以在闲暇时带孩子到公园玩、到小区中散步、到亲戚朋友家玩，鼓励孩子适应新的环境，多与他人交往。对于到自己家做客的孩子一定要热情、友善，尽可能为孩子们营造一个轻松和谐、自由的环境。在与朋友交往的时候，父母要鼓励孩子与他人融洽和谐相处，做到热情、真诚、不在背后随便议论别人。因为与和谐的人交往内心世界也往往光明美好，不太可能被悲观的情绪所俘获。

3. 乐观的孩子得益于乐观的父母。

想要孩子乐观，父母首先得是乐观的父母。不少父母习惯了抱怨，总是说："我怎么这么倒霉"、"上天怎么对我这般不公平"、"别人什么都比我好"，这样的怨天尤人，不仅解决不了任何问题，反而把宝贵的时间都浪费在了抱怨上。父母的坏心情必然影响孩子的心情，让孩子也生活在父母抱怨的阴影下，产生怨天尤人的心理。

让孩子变得乐观，父母首先得转变自己对人对事的态度，用乐观的心态看待事物，用积极的口吻向孩子陈述一件事情。

关于乐观，法国作家阿兰在论述中把快乐的智慧用于和烦恼做各种各样斗争时说："烦恼是我们患的一种精神上的近视症，应该向远处看并保持积极乐观的心态，这样我们的脚步就会更加坚定，内心也就更加泰然。"他认为如果天下雨了，就要引导孩子建立"下雨了"的概念，而不是："该死的天，又下雨了"。因为这样说并不能改变下雨的事实，反而会给孩子增加悲观消极的情绪。当然，你也可以说："太好了，又下雨了"，因为这样说不会使雨的性质发生改变，但会使孩子感到内心的愉悦。如果给孩子说："太好了，下雨了。小鸟在唱歌、小草也在唱歌，下雨真好啊！"这样带着欢乐情绪的话会让孩子体会到快乐，对下雨这件事的印象会好很多。

父母在孩子面前说话一定要注意措辞和修饰，父母的措辞和语气对孩子情绪的好坏有重要的影响。当我们要为孩子陈述一件事实时，我们要尽量用乐观积极的话去陈述，比如我们说："现在爸爸要去修改一份文件，爸爸工作很忙。"孩子会觉得爸爸很能干、很辛苦、工作很重要，于是也学会了抓紧时间好好学习。可如果我们给孩子这样说："真可恶，明明就没啥休息的时间，爸爸现在还得去修改这令人作呕的文件。"孩子就觉得爸爸不愿意写材料而又不得不写，这样会给孩子留下阴影，让孩子觉得爸爸是不快乐的，从而自己也变得不快乐。

由于父母说话的语气和措辞都会对孩子的情绪产生影响，所以在与孩子交谈的时候，尽量用愉快的声调说话，使用正面积极的字眼，会让孩子从中获得积极的鼓励与暗示，从而获得良好的心情。

4.注意提高孩子的各种能力。

孩子能力差、不懂与人交往的技巧，在与他人的交往中往往处在不自信的状态。这类孩子由于反应力、创新力、灵活度不够高，在游戏中不能与同伴很好地配合，常被同伴拒绝，甚至被开除出游戏小组。由于长期被伙伴拒绝，这类孩子容易自卑消极。

如果孩子是因为能力差被小伙伴排挤而自卑消极，父母应当帮助孩子培养能力，让孩子有足够的自信参与到伙伴们的游戏之中。

游戏是孩子锻炼能力的一个重要途径，很多父母以为孩子沉迷于游戏，花在读书上的时间就会减少，所以总不愿意让孩子出去玩。殊不知，孩子很多方面的能力，如协调能力、人际交往能力、领导能力等都是在游戏中培养的。不让孩子出去玩，会遏制孩子各项能力的发展，让孩子缺乏与同龄人交往沟通的机会，从而使孩子在人际交往中处于劣势，最终造成孩子内心产生自卑情绪。

让孩子自由地参加孩子们的游戏，只要是健康的游戏，父母就没必要阻止。在游戏里，孩子可以锻炼自己，让自己有资格成为小伙伴喜欢的玩伴。

5.培养孩子广泛的兴趣。

有自己兴趣爱好的孩子一般不会过度沉浸在消极的情绪里。父母可多方面培养孩子的兴趣爱好。比如给孩子一个有很多书籍的书柜，让孩子培养读书的兴趣；带孩子出去旅游，让孩子喜欢上大自然的美景；鼓励孩子参加社会活动，让孩子在帮助别人的过程中建立自信。

孩子的兴趣爱好可以转移一大部分的消极情绪。孩子在做自己喜欢的事情时，忧郁的内心得到有趣事物的滋润，消极的情绪得以宣泄，从而获得内心的平静。

小乐在不开心的时候就会去翻阅他的故事书。小乐从小就喜欢读故事书，故事里的人物、情节深深地吸引住小乐，让他在故事里畅游。他常常想象自己就是故事中的英雄，英雄除了会帮助没有能力的人之外，一般不会被困难打倒。小乐要做英雄，自然也不能被现实生活中那么一点点困难难住。所以在读完故事之后，小乐的情绪就会好很多。

妈妈很支持小乐读书，他的书柜里摆满了各种童话故事书，他常常在书海里遨游，体会故事主人公的内心感受，从书中学到不少做人做事的道理。由于读的书多，小乐积累了许多词汇，培养了写作方面的能力，他的作文写得很好，受到老师和同学的一致表扬，小乐得到了大家的认同，心情也慢慢变好了。

小曼的爸爸是旅游爱好者，经常拜访名山大川。在小曼放假的时候，爸爸就会带着她一起去。小曼在游览山川胜景时，把内心的不愉快都抛诸脑后，尽情领略祖国河山的美景。通过旅游，小曼的世界扩大了、心胸开阔了，她不再将自己的思维限制在生活中鸡毛蒜皮的小事上，她变得更加包容更加友善，大家越来越喜欢她了。

培养孩子的兴趣爱好对孩子建立乐观的情绪很有帮助。孩子通过做喜欢的事情，释放了内心的不愉快，冲淡了消极悲观的情绪。

四、赠人玫瑰手留余香

有一个人，发现路旁的一堆泥土散发出很好闻的花的芬芳。于是，他就把这堆泥土带回了家。没过多久，他的家里就飘满了花香。他问泥土说："你是来自大城市的珍宝吗？你是一种稀有的香料吗？你是价格昂贵的材料吗？"泥土说："都不是，我只是普通的泥土。""那你身上浓郁的香味儿是从哪儿来的？"泥土说："我曾经在玫瑰园里和玫瑰相处了一段时间。"

在一辆飞驰的列车上，顾客们伴着火车车轮滚动的声音都处在昏昏入睡的状态。就在这个时候，一个小偷的手悄悄伸进了一名旅客的口袋。不幸被衣袋的主人察觉，伴随着"捉小偷"的喊声，乘客们纷纷被惊醒，小偷慌忙逃窜开来。大家都知道，火车是一个密闭的空间，小偷迟早会被捉住，除非他跳下火车。但从飞驰的火车上往下跳，肯定会被摔得粉身碎骨。可是，就在这个时候，火车停了，眼瞅着小偷就要跳车逃跑了。可是小偷的跟前有一位老妇人磕破了头，血流的满地都是。老妇人呻吟着，很痛苦。小偷想起了家里为他日夜操劳的母亲，也是这样在病痛中呻吟着。小偷犹豫了，去扶她吧，自己会被警察抓住；不扶她吧，自己内心会受到煎熬，不得安宁。最后，小偷还是把老妇人扶了起来。由于耽误了跳车的时间，小偷被警察抓住了。可是后来他才知道，火车下面其实是万丈深渊，如果自己不是因为救人的话，早就命丧黄泉了。

一个盲人住在一栋楼里，每天晚上他都要去楼下的花园散步。可是，盲人根本就看不见东西，却不管上楼还是下楼，都要按亮楼道里的灯。一天，他的一个邻居实在忍不住了，就问他："你明明看不见，有没有灯都是一样的，为什么还要开灯呢？"盲人回答说："开灯能给别人上下楼带来方便，也能给我自己带来方便。"邻居大惑不解,又问:"楼道里的灯能照亮别人上下楼的路,可是能给你带来什么方便呢?"盲人说:"开灯以后,别人就能看到东西,就不会撞上什么。同样也不会撞到我,这不是给我也带来了方便吗?"邻居这才明白盲人的善良。

帮助别人是一种美德。在别人需要帮助的时候,伸出手来提供援助,不仅为别人解决了困难,还给自己的内心增添了一份美好。

🖉 多一份慈悲心

场景一:琳琳早晨跟爸爸去银行办事,在银行门口看到一个腿脚不方便的老太太看着那高高的楼梯发愁,嘴里还自言自语地说:"楼梯真高啊,老了,爬不上去啊。"爸爸赶紧上去扶着老太太说:"老人家,我们刚好也要到里面办事,我扶着您进去吧。"老太太连声道谢。

场景二:早上,莉莉搭公交去学校。车上挤满了赶着上班和上学的人。这时候有个人突然不舒服,嘴里发出痛苦的呻吟声。他向司机求助:"师傅,我痛得不行了,行行好,把我送到医院去吧。"这里离医院还有好几站路呢,现在大家都在赶着上班和上学,很多人都不愿意,纷纷建议他下车打别的车去医院。这时候莉莉站了出来:"他已经疼得不行了,现在是早高峰时期,很难打到车,我们不能丢下他不管。"于是大家再无异议,一起把病人送去了医院。

场景三:地铁上一位残疾人不小心摔倒在地上,周围没有一个人上去扶他一把。这时候从人群中冲出了一位小姑娘,毫不犹豫地将残疾人扶了起来,并送他出了地铁,大家赞扬她为"地铁最美女孩。"

彭宇案:2006年,一位老太太从公交车上下来,在人来人往中,被撞倒在地。也在赶公交车的小伙彭宇将老太太送到了医院。经医生鉴定,老太太被摔成骨折,医药费花了不少。老太太指认说是彭宇将她撞伤的,要求彭宇赔偿她的医药损失。2012年,中国好人网首届"搀扶老人奖"中彭宇获得首届委屈特别奖。

彭宇案发生之后,大家就要不要帮助摔倒在地的老人产生了争议。许多人表示不再帮助倒地受伤的老人,并对社会道德水平产生了怀疑。由此而来的社会公德衰败的现象越发严重。

渝中区石油路上，一位老人在红绿灯路口一个趔趄，不慎摔倒在公路上，老人本想自己站起来，可是经过几次努力没有成功，只能坐在地上等待帮助。很快，马路两侧站了十几位围观者但没有一个敢上前扶她。马路上的过往车辆纷纷绕行，都不敢靠近老人一步。直到巡警巡逻时发现，才将受伤的老人送往医院。

2010 年，深圳福田区 78 岁的老人肖雨生在小区里跌倒，保安和路上行人无一敢上前搀扶。20 分钟之后，老人的儿子外出时发现，老人孤零零地趴在地上，额头磕破了流着血，鼻子紧贴在地面上，已经没了呼吸。家属说当时哪怕有人帮他翻个身，老人或许都不至于死。

遇到上面这些情况我们该怎么办呢？是看着不管，任由这些需要帮助的人独自痛苦着，还是伸出援手，尽自己的一份力量？在生活中，我们也会经常遇到各种需要帮助的人，我们要不要帮助他们？

本来上面问题的答案是肯定的，当然要帮助。可是现在社会公德普遍衰败，我们本着一颗慈悲心帮助了别人，可万一被帮助的人是想要"碰瓷"的骗子，我们该怎么办？面对社会上的种种"碰瓷"现象，我们的家长在教育孩子的时候，是着重培养孩子的公德心还是教育孩子洁身自好，少沾染是非？

帮不帮人居然成为大家争相讨论的焦点！这些问题之所以成为问题，是因为社会上的许多人缺少了一颗慈悲之心，不能同情他人的苦难。同情心是人类普遍具有的心理，对他人苦难的同情，反映了一个人的内心宽博伟大。有颗慈悲心的人必会得到他人的回报。

拉瓜地亚曾担任过纽约市市长一职。1935 年，他在一个贫穷脏乱区域的法庭上，旁听了一桩偷窃案的审理过程。被告是一位老妇人，她犯下的罪行是偷窃面包。在法官讯问她是否清白和愿意认罪时，老妇人回答："我需要面包来喂养我那几个饿着肚子的孙子。要知道，他们已经两天没吃任何东西了。"法官说："我必须秉公办事，你可以选择 10 美元的罚款，或者是 10 天的拘役。"判决宣布之后，拉瓜地亚从旁听席上站了起来，脱下帽子，往里面放了 10 美元，然后面向其他人说："现在，请大家每个人另交 50 美分的罚金，这是我们为我们的冷漠所支付的费用，以处罚我们竟然让老祖母偷东西来喂养孙儿这样的事情发生在我们所在的城市的过失。"没人能够想象得出那一刻众人的惊讶与肃穆，每个人都悄无声息地、认认真真地捐出了 50 美分。

冷漠、缺少同情心，是世界上最可怕的东西，它让人们的心灵变得残忍、无情，让美好的事物不再存在。面对不公平的事情，如果我们愤怒，我们愿意伸出援手，那说明我们善良之心尚存，我们的内心仍然充满激情与力量。如果我们冷漠视之，说明我们的心已经死了。试问，心死了的人，如何继续生活在充满温情的社会？

有这样一则寓言故事，一位中年妇女在家门口碰到三位老人，她上前对老人们说："你们一定饿了，请进屋吃点东西吧。"老人回答说："我们不能一起进屋。"中年妇女不解地问："为什么？"一位老人指着同伴说："他叫成功，他叫财富，我叫善良。你现在进屋和家人商量一下，看需要我们当中的哪一位？"中年妇女进屋和家人商量后决定把善良请进屋。她出来对老人说："善良老人，请到我家来做客吧。"善良老人起身向屋子走去，另外两个叫成功和财富的老人也跟了进来。中年妇女奇怪地问道："你们不是不能一起进屋吗？"老人们回答说："哪里有善良，哪里就有成功和财富。"

孩子正处在建立世界观、人生观的时刻，父母对孩子的教诲对他们以后正确观念的养成有很重要的意义。在上面的问题中，我们的回答也必须是肯定的。目前社会上虽然有不少缺乏公德心的行为，但对需要帮助的人提供帮助是公民的基本道德，是对我们作为人最起码的要求。未来社会需要的是内心健康、有良好公民素质的人才，而不是袖手旁观，冷漠自私的人。进入社会之后，孩子们除了要在专业知识和智力水平上与其他人竞争外，孩子自身的素质，如道德水平、公德心、慈悲心也都是社会择优选择需要考虑的条件。而家庭教育是培养孩子具备良好公民素质的第一课堂，父母对孩子的教育应当遵循社会和人性的需要，让孩子成为一个有慈悲心、乐于助人的人。

✎ 乐于助人

乐于助人是中华民族的传统美德，善良的人主动为他人提供无私的帮助。助人为乐之所以为人所称道，是因为在帮助他人的过程中，我们可以从中获得幸福愉快的感觉。

父母在生活细节中指引孩子培养乐于助人的好品质，能够帮助孩子树立正确的价值观。

小芳是班里的英语课代表，她学习认真、乐于助人，老师和同学都很喜欢她。而刚从乡下转学过来的小英成绩不太好，尤其是英语，无论发音还是语法都差同学们一大截。小芳看到小英学英语很吃力，就主动要求帮助小英学习英语。小英在小芳的热心帮助下，英语成绩得到明显的提高。期末考试的时候，小英各科成绩加到一起，排到了班里前几名，超过了一直帮助她的小芳。小芳的妈妈得知小英是在女儿的帮助下才取得那么好的成绩，心里虽然也为女儿乐于助人的行为感到骄傲，可是总是有些不是滋味。

回到家，妈妈问小芳："你知道小英的成绩比你还好吗？"小芳说："当然知道啦。"小芳兴高采烈地跟妈妈说："她其实挺聪明的，其他几门课学得都很好，就是英语差了点。只要稍微帮她补习一下，她就学会了。今天小英和她妈妈还郑重其事地向我道谢，我都不好意思啦。我们现在已经是很好的朋友了呢。"妈妈看到小芳毫无城府，"好心"提醒她："你这个傻孩子。你知道自己几斤几两吗，你还去帮助别人。你把时间都用来帮助别人了，耽误了自己的功课，你看看现在别人的成绩都在你之上了，平白又帮出来了一个竞争对手，你还在那里傻子似的高兴。"小芳一下子不知道该说什么才好了。

父母对待孩子助人为乐行为的态度会影响孩子正确价值观的形成。小芳的妈妈由于小英的成绩比女儿还好，心中吃味，感到不快，就否定女儿帮助同学的行为。小芳的妈妈无疑给孩子树立了一个坏榜样，她的话会让小芳怀疑自己帮助同学的行为是不是错了，让她不再主动为同学提供帮助。

有些父母本着"帮助别人自己不能获得什么好处，还要浪费时间、精力"的错误观点，不希望自己的孩子为别人提供帮助。但是，父母只看到了助人为乐没有物质回报，却没看到帮助别人会收获精神上的美好。这些东西，是付出多少金钱和精力也换不来的。帮助别人就是帮助自己，在帮助别人的过程中，我们收获的绝不仅仅是快乐。

蜚声世界的美国石油大王哈默，一度是个不幸的逃难者。有一年冬天，年轻的哈默随一群同伴流亡到美国南加州一个名叫沃尔逊的小镇。在那儿，他认识了善良的镇长杰克逊。一天，外面又下雨又下雪，镇长门前花圃旁边的小路成了一片泥淖。由于道路难行，路人纷纷从镇长的花圃里穿过，弄得花圃一片狼藉。哈默真替镇长感到惋惜，他劝说镇长阻止这些人从花圃里走。镇长没说什么，一个人走了出去。等他回来时，哈默发现他肩上挑了一担煤渣。只见镇长从容地把煤渣倒在泥泞的小路上，然后用铁锨把路面拍到平整。这下子，路人再也不用担心路面积水把鞋子弄湿了，大家又都走回小路上去了，再没有人在镇长的花圃里穿行啦。最后，镇长说了一句让哈默铭记终生的话："你看，关照别人，其实就是在帮助自己。"在以后的创业过程中，哈默始终记着杰克逊镇长的这句话，处处为别人考虑，帮助许多人获得成功，而他自己也获得了事业的成功。

帮助别人，给予别人需要的东西，这样的人总会活得更加开心满足。一个秀才和一个商人死后同时来到地狱，阎王看完他们的功德簿后对他们说："你们二人生前没做什么坏事，来世还可投胎做人。但现在只有两种做人的方式让你们选择，一种是做付出的人，一种是做索取的人。也就是说，一个人需要过付出给予的人生，一个人需要过索取接受的人生。"秀才想，自己生前的日子过得并不富裕，有时还填不饱肚子，现在准许来生索取接受，也就是吃、穿都是现成的，不用那么辛苦。于是他说："我要过索取的人生。"商人想到自己生前靠经商赚了一点金钱，来生就把它们都施舍出去吧。于是，他甘愿选择过付出给予的生活。阎王看二人都选择完了，就判定二人来生的命运："秀才甘愿过索取、接受的人生，下辈子做乞丐，整天向人索取饭食，接受别人的施舍。商人甘愿过付出、给予的人生，下辈子做富豪，行善布施，帮助别人。"

两种不一样的选择，两种不一样的人生。上面这则寓言故事更深层的含义是在告诉我们，付出比得到更加快乐，在我们精神深处，付出的价值远远大于得到。

帮助别人的人，在这个过程中获得了内心的满足，这种满足是金钱买不来的。一个人的幸福感不是建立在从别人那里获得了什么，而是给予了别人什么，只有帮助了别人，自己才能高兴。我们作为人的价值就是体现在这里。

五、一口吃不成个胖子

　　古时候有这样一个讽刺故事。有一个大富翁大兴土木，想要建一座三层楼的房子。他看见工匠们打了很深的地基，又在地面上立柱砌砖，连忙跑过去，对工匠们说："我要的是第三层，下面的第一、第二层我不要，你们这样做不是太浪费了吗？"工匠们一听，哈哈大笑起来："只要最上面的那层，我们不会造，你自己造吧！"工匠们走了，大富翁望着房基发愣。他不知道，只要最上面一层，不要下面两层，再高明的工匠也造不出来。

　　许多人会笑话这个富翁，觉得他急于求成，没有一二层的房子，哪里来的第三层呢。但是在生活中，我们很多人都会犯和这个富翁同样的错误，明明需要十天的活儿，你一两天就想做好，不是跟空中楼阁一样的性质吗？

　　从前，宋国有个急性子的农民，总嫌自己田里的秧苗长得太慢。他整天围着自己那块田转悠，隔一会儿就蹲下去，用手量量秧苗长高了没有，但秧苗好像总是那么高。用什么办法可以让秧苗长得快一点呢？这个人犯了难，后来他终于想出了个好办法，他动手把秧苗一棵一棵拔高。他从中午一直干到太阳落山，才拖着疲倦的身子往家走。一进门，他一边捶腰，一边嚷嚷："今天可把我累坏了。"他儿子赶紧问："您今天干了什么重活，怎么累成这样？"宋人得意洋洋地说："我帮着咱家地里的秧苗长高了一大截。"儿子觉得奇怪，拔腿就跑到田地里，一看，哎呀，秧苗全部干枯，再也救不活了。

　　一口吃不成个胖子，饭要一口一口地吃，路要一步一步地走，教育孩子也是一样。让孩子学会循序渐进，不急于求成，是为人父母必须让孩子学会的道理。

　　急于求成，则欲速而不达。万事都有自己的发展规律，孩子的学习也是一样的。在学习上想一口吃个胖子，那是不可能的。只有按部就班、一步一步地提高自己。

乐乐的作文成绩一向不高，不仅爸爸妈妈为他发愁，连他自己都觉得这样不好，想要改进。乐乐听说多读作文选就能提高作文成绩，就去买了很多本在家里。一有空就看，还专门找个本子记下他觉得写得好的句子。但是这一次作文考试，乐乐的成绩还是不高，他觉得很沮丧，再也不愿意看作文选，回到家就开始玩游戏去了。

爸爸看出了乐乐的灰心，就对乐乐说："不积跬步无以至千里，不积细流无以成江海。凡事都是慢慢来的，哪有一口就吃成个胖子的事儿。"乐乐很沮丧地说："可是我已经看了那么多天的作文书了，为什么我还是没有把作文成绩提上去？"爸爸翻了翻乐乐的作文书，说："你看的这些书都是同龄人写的，他们的想法见识以及写作能力，虽然比你高，但受到思想阅历的限制，并没有比你高到哪儿去。你每天看这些书，每天模仿他们的写作方法去写，提高的空间自然不大。我们有很多优秀的作家，很多名著，读这些书能让你开阔思路，增强语感，丰富情感。"乐乐说："可是那些书的范围太大，不适合我写作文用啊，我要找到能赶快提高作文成绩的书。"爸爸说："就是因为你急于求成，不注意平时读书做积累，每天抱着作文书，想找写好作文的捷径。你抱着这样的心态去读，成绩怎么能提高呢？好的文章需要的是长期的语言、词汇、情感、道理各方面的积累，没有走好打基础这一步，怎么能一下子就变成写文章的高手？你这不是想建个空中楼阁，只要最上面一层，不要下面的基础吗？"

乐乐听了爸爸的话，觉得有道理，就按照爸爸的建议，开始读名著。名著很长，刚开始的时候，乐乐读着读着就烦了。可是想着要做好积累，就不愿意放弃，慢慢地就被书里面人物和情节迷住了。爸爸为配合乐乐的进步，买了很多本优秀的名著给他，乐乐一本接着一本地读，已经迷上了看书。

由于乐乐的阅读范围广，乐乐在学校组织的作文比赛中，从众多的同学中脱颖而出，他的文章成为了真正的"优秀作文"。乐乐回头再体会爸爸说的话，觉得很有道理，很感激爸爸的正确引导。

✎ 没事，慢慢来

　　黑熊是个大富翁，小老鼠却很穷。有一天，黑熊用他所有的钱买下一栋别墅。可是小老鼠用他所有的钱，却只能买下一块砖。小老鼠却自信地说："黑熊，现在我已经有一块砖了，以后我的房子就造在你房子的旁边。"黑熊哈哈大笑说："真是笑死我了，你手里只有一块砖，却还想造房子？"小老鼠说："我好好劳动，砖头会慢慢增加的。"从这以后，小老鼠非常勤劳地工作，慢慢地攒钱，而黑熊却总是大吃大喝，大手花钱。有一天，黑熊没钱了，只好来跟小老鼠商量："借点钱给我吧。"小老鼠说："我不借，我的钱要用来买砖头造房子。不过你可以把你房子里的砖头卖一些给我。"黑熊卖了五块砖给小老鼠。小老鼠在黑熊墙上的五块砖上，做了记号："这是小老鼠的砖。"从此以后，只要黑熊想用钱，就把房子里的砖头卖给小老鼠。这样，在黑熊的房子里，做了"这是小老鼠的砖"的记号不断增加，没有记号的砖头不断减少。终于有一天，黑熊房子里的每一块砖头上面都刻着这样的记号："这是小老鼠的砖。"小老鼠说："现在，这座房子里的每一块砖都是我的了，你可以搬出去了。"

　　孩子总是抱怨自己学这个慢，学那个慢，总想着一步登天，一下子就学会所有的东西；家长为孩子处处打算，给孩子报完这个补习班报那个辅导班，希望孩子一下子提高成绩，给他们灌输大量的知识。可是孩子在这个过程中能一下子就消化那么多的东西吗？

　　凡事欲速则不达，作为家长，有时候我们不得不反省，我们对待孩子的事儿，是不是有些操之过急？

　　小佳对按时吃饭有种本能的反抗，当大家都在吃饭的时候，妈妈总是让小佳也端起小碗跟大家一起吃。可小佳总也不吃，怎么哄都不行。妈妈这个时候总是强行逼迫小佳，拿着勺子硬要他张嘴，闹得小佳大哭。妈妈见小佳哭，往往气急败坏，在他屁股上打几巴掌。可每次这样的事情过后，妈妈总是很后悔，觉得自己对孩子太过苛刻，不就不喜欢按时吃饭吗，没必要这么逼他。有一次爷爷来家里吃饭，又碰到小佳不吃饭、妈妈硬要喂他吃的情况。爷爷看到小佳大哭大闹，心疼极了。爷爷说："孩子还没养成按时吃饭的习惯，他还太小了。父母需要每天灌输，慢慢来，潜移默化才有效果，凡事不可急于求成。"妈妈觉得自己太没耐心了，把小佳的进步看得无比重要，非要逼着孩子立刻就学会一样东西，太不应该了。

我以前看到一个案例，一位妈妈去找儿童教育专家，对他说："我的孩子太笨了，我每天教他七种颜色的不同，给他各种彩球，训练他对颜色的敏感度，可是都两个星期过去了，他却还是不能说出彩球的颜色。"这位教育专家说："分辨不同的颜色，是四岁孩子才能具备的能力，一个两岁的孩子只能做到家长说出某种颜色，他拿出相同颜色的球。"

你们看，这就是我们的家长，在孩子不具备做一件事的年龄，一定要让孩子做好这件事。家长对孩子的期望太高了，忽视了孩子的成长规律。家长在教育孩子的时候，一定要顺应孩子的正常成长规律，什么时候能干什么事，什么时候能学会什么东西，得慢慢来。

反映到孩子自己身上，这个规律同样适用。孩子自己还没有建立一步一步积累的观念，看到别的小朋友能做什么而自己却不行，内心总希望自己也能一下子就学会这个东西。

小琴喜欢画画，她的画在班级里是很好的，她一直以来都为在画画上没有人能比得过自己而沾沾自喜。可是三年级的时候，班里新转来一个同学小勇，画画比小琴还要好。小琴不乐意了，自尊心就开始作怪，她暗暗下决心，不能让自己落在后面。

从这天开始，小琴每天回家就拿起画笔，无时无刻不在画画。爸爸让她去写作业，她说自己在画画，妈妈让她洗手吃饭，她还是要画画。爸爸妈妈看到小琴这么斗志昂扬的样子，又高兴又担忧。妈妈问她："小勇除了图画画得好，别的功课怎么样？"小琴说："好像英语也很好。别的不知道呢。"妈妈打趣她说："你现在一心画画，万一耽误了其他功课，让小勇赶在了你前面，你怎么办啊？难道你每天都要花五个小时画画，也要花五个小时学英语，五个小时做数学题吗？"小琴说："可是小勇现在画得比我好啊。同学们都围着他转，没人再夸我的画好了。"妈妈说："凡事都要慢慢来，一点一点的进步。只要你在画画上每天都有一点小进步就好啦。谁都不能一下子就掌握所有的东西，在画画上也是一样哦，你只要今天进步一点明天进步一点，等到一定的时候，你的画肯定会比小勇的好。这样好不好，咱们订个计划，你以前是每天画一个小时的画，那咱们以后就画一个半小时的行吗？每天多了半个小时的画画时间，可以把你没有小勇强的地方都补回来。咱们慢慢进步，好不好？"小琴听了，虽然很想在一个晚上就超过小勇，但又担心小勇真的在其他功课上超过自己，只能答应爸爸妈妈的要求。

　　任何事情的发展都要一步一步的慢慢来，父母只有掌握了"慢"的规律，才能获得"快"的效果。

六、做自信的孩子

自信就是相信自己，自信的孩子自我感觉良好，他不仅能给别人带来快乐的感觉，也能让自己时时刻刻充满信心。美国作家爱默生说："自信是成功的第一秘诀。"自信的孩子会快乐、积极地对待生活，不会轻言放弃，而会勇往直前。不自信的孩子就会消极、悲观、萎靡不振。

一个工人在刚参加工作的时候在车间实习，他跟随一位老师傅学习加工零件，老师傅经常夸奖他说："学得真快"，"干得真好"，在老师傅的鼓励下他很快就能单独加工一些零件了，而且没有出过什么废品。有一次车间主任看到他独自在加工零件，就走过来对他说："你自己行吗？师傅不在你不要瞎干，要是出了废品可怎么办？"结果那天他果然出了几件废品。

一个女孩长相很丑，因此对自己缺乏自信，不爱打扮自己，整天邋邋遢遢的，做事也不求上进。有天一个心理医生为了改变她的心理状态，让大家每天都对丑女孩说"你真漂亮"，"你真能干"，"你今天表现得真好"这样的话赞扬她。经过一段时间，人们惊奇地发现，女孩真的变漂亮了。女孩的长相并没有改变，她只不过不再邋遢了，变得爱打扮、做事积极了，这一切都源于她对自己有了自信。

小泽征尔是世界著名的交响乐指挥家。在一次世界优秀指挥家大赛的决赛中，他按照评委会给的乐谱指挥演奏，敏锐地发现了不和谐的声音。起初，他以为是乐队演奏出了问题，就停下来重新演奏，但还是不对。他觉得肯定是乐谱的问题。可是在场的作曲家和评委会的评委们都坚称乐谱绝对没有问题，是他错了。面对一大批音乐大师，他思考再三，最后还是非常自信地说："不！一定是乐谱搞错了。"话音刚落，评委席上立刻响起了掌声。原来这个环节是评委们精心设计的

"圈套"，以检验指挥家在发现错误并遭到权威人士"否定"的情况下，是否能够坚持自己的正确主张。小泽征尔凭借着自己的自信取得了世界指挥家大赛的桂冠。

一个可爱的小女孩出生在一个贫穷的家里，全家人显然没有因为她的诞生而增添一份喜悦，因为这个家实在是太贫穷了。女孩的父亲外出打工，死于一场车祸，只剩下母女两人相依为命，她们靠为人织毛衣生活，就这样过去了 18 年。女孩已经是一个亭亭玉立的少女了。在圣诞节的早上，妈妈给了她 20 美元，说是这么多年她辛苦工作赚来的，让她去买自己喜欢的装饰品，这样她就能参加晚上的舞会了，这是女孩一直以来的梦想。女孩拿着这 20 美元进了商店。路上女孩遇到她心仪已久的男孩，可是由于没有漂亮的衣服，女孩只能低头从他身边走过，心想，晚上谁会成为他的舞伴呢？女孩在一个商场里看到好多漂亮的发卡，其中有一个让她爱不释手。服务员说："你戴上这个发卡肯定很漂亮。"女孩说："我不能买，我没有那么多的钱啊。"服务员把发卡别到女孩的头上，把她拉到镜子前面说："你看，你戴着这个发卡真是漂亮极了。"果真，女孩儿都认不出镜子里面的人了。于是她狠下心买了这个发卡。女孩儿戴着发卡出门，心里高兴极了，以至于撞到了一位老奶奶，把头上的发卡撞到了地上都没发现。她容光焕发地出现在舞会上，光彩夺目。男孩看到了女孩，就邀请她作为舞伴。在整个舞会上，女孩一直是中心，她那么明媚那么闪耀。当舞会结束之后，女孩儿在回去的路上，又碰到了那位老人，老人说："小姑娘，我知道你会回来的，刚刚出门的时候，你把发卡掉在了地上。"

有一位长跑运动员参加一个五人小组的比赛，比赛之前教练对他说："据我了解，其他四个人的实力都不如你。"于是他在这次比赛中很轻松地跑了第一名。后来教练又让他参加了一个十人小组的比赛，并告诉他这些人的实力都比不上他，他又轻松地跑了第一名。后来在一个二十人小组的比赛中，教练告诉他其他人的实力都不行，他只要战胜一个人他就赢了。于是他在比赛中紧跟着教练说的那个运动员，在最后阶段冲刺，又取得了第一名。后来换了个地方，赛前，教练并没有告诉他其他运动员的水平，他以为自己的实力比不上他们，所以在比赛中成绩很不理想。但其实，这次比赛中的队员，同第一次的水平完全相同。

自信才是取得成功的基石，培养孩子的自信心，是孩子未来成功的关键。

✎ 让孩子在鼓励中进步

莎士比亚说："自信是走向成功之路的第一步，缺乏自信是失败的主要原因。"孩子需要鼓励，父母的一句"你能行"、"好样的"胜过无数奖品。

场景一：小花的家长对小花处处挑剔，无论小花做什么，他们都不满意。比如小花觉得披着头发很漂亮，但被妈妈看到了，她就说："能不能把头发梳起来，这样太难看了。"小花跟妈妈逛超市，看中了一条黄色的裙子，妈妈说："你皮肤那么黑，穿黄色的不好看。"小花在家里吃饭，腰稍微弯了一下，爸爸就说："能不能挺直腰板？你也太随便了。"小花无论做什么爸爸妈妈总要挑她的刺，她觉得自己什么都做不好。

场景二：小曼的爸爸妈妈总是对她赞赏有加，她是被父母"宠"大的。比如她觉得自己长得胖，妈妈就说："长得胖的孩子显得可爱，还很有福相。孩子小时候长得胖，长大了都能变瘦，你看你阿姨小时候的照片，不也是胖胖的吗，现在人家身材多好。"小曼觉得自己鼻子太大，爸爸就说："你虽然鼻子有点大，但跟你的眼睛和脸形联系在一起看显得非常和谐，你这样的大眼睛就要搭配个稍微高挺的鼻子才好看。"由于总是被爸爸妈妈表扬，小曼的自我感觉良好，走到哪儿都很自信。

孩子自信心的培养需要父母长期在生活细节中潜移默化的影响。家长对孩子的评价，对孩子自信心的建立至关重要。家长需要引导孩子正确认识自己，对自己充满信心。

小彤的英语学得不好，原因是他不自信，不敢开口说。其实小彤的单词和语法都很好，但由于不敢开口说话，上课老师让做小组讨论的时候，同学们都不愿意跟他一组，为此小彤很苦恼。妈妈知道小彤的状态，心里也替他着急。

这天妈妈问小彤："小彤，小鸟用英语怎么说来着？妈妈记不清了。"小彤说："妈妈，我会拼这个单词，我拼给你看吧。"于是小彤认真地把"bird"拼写了一遍，但这并不是妈妈要的，妈妈要的是小彤张嘴说出这个单词。妈妈鼓励他说："这个单词很好发声的，小彤肯定能说出来，别害怕，当着妈妈你还怕啊。勇敢点，你肯定能发出声来的。就算发错了音，妈妈也不会笑话你的，你最勇敢了，说个

bird 给妈妈听。"小彤在妈妈的鼓励下，张嘴读出了这个单词。妈妈非常高兴："真棒！发声很标准嘛！你自己听听是不是跟录音机里的那个人读的一样？"小彤再次发出这个单词的声音，果然很像。妈妈又找了几个简单容易发声的单词给他，他都能很标准地读出来，很快就有了自信。

小彤在妈妈的指导下，每天回家读上一个小时的英语，又跟妈妈进行对话，增强了口语的表达能力。在上课的时候小彤主动举手回答了英语老师提的问题，让同学们刮目相看，以后再也没有不让他参加口语讨论小组的事情发生了。

其实小彤的英语并没有那么糟糕，他的困扰只是不敢发出声音而已，在妈妈的鼓励和支持下，小彤找回了自信，在英语学习上取得了很大的进步。

小南在学校很调皮，学校老师没少批评他。整个小学一年级就是在老师找家长和家长道歉中结束的。小南在家长老师的批评中，变得灰溜溜的，一点也不开心。二年级的时候，班里来了一位新老师。新老师第一次在给家长的联络本上写了一句表扬小南的话："今天值日，小南吃苦肯干活，把地板扫得非常干净。"小南几乎是跳着回家的，小南的爸爸也激动万分，终于看到儿子进步的迹象了。从此，小南的联络本上几乎每天都有一句表扬的话："今天上课，小南没有做小动作"、"今天小胖惹事，小南没有和他一般见识，没有和同学发生矛盾"、"今天小南帮老师擦了黑板"。爸爸给老师的回执也变成了感激之语和对小南在家各种进步的描述。到了三年级的时候，小南跟以前判若两人，他学习认真、乐于助人、大方开朗，老师同学家长越来越喜欢他了。

孩子自信心的建立是未来工作学习的基础，只有建立了自信，才能时刻自我感觉良好，才能在面对人生低谷的时候，保持一颗积极向上的心，才能对未来信心十足。

✎ 在细节中建立自信

孩子如何才能建立自信呢，需要父母注意生活中的细节，在生活细节中培养孩子自信的感觉。

自信的父母才有自信的孩子。父母是孩子学习的榜样，父母如果不自信，与父母最亲近的孩子怎么能自信得起来？我们无法否认这样的事实，许多孩子不自信是由于作为父母的不自信行为和语言引起的。

娇娇的妈妈对生活中的不如意不停地抱怨，她非常不自信，总是悲叹生活中的挫折和自己的无能，总是觉得自己比别人差上一截子，做什么事都没有别人做得好。可是她明明有很专业的技术，有很强的工作能力。比如这个星期天，像往常一样在家休息的妈妈接到单位的电话，让她去单位开个紧急会议。妈妈不由地抱怨起来："大星期天的还要去开会，就是因为我的能力不行，才会受人指使。要是我们单位的某某，人家一下子就能把问题解决，不会在大周末的还要到公司去。"妈妈抱怨归抱怨，最后还是去了单位开会。

妈妈这种消极不自信不可避免地影响了女儿娇娇。娇娇在班上干什么都不自信，老师让她起来念书，她结结巴巴地读不出一个完整的句子，惹得同学们哈哈大笑，娇娇自己也羞得满脸通红，老师只好让她停下来。下课之后，小朋友们找她去玩，她害怕自己不能很好地参与游戏，只好拒绝了，可其实她是十分想参与的。老师看出了娇娇的不自信，找娇娇的妈妈谈过几次，但由于妈妈身上根深蒂固的思想行为方式，要改正很困难，只好作罢。

父母对孩子的期望应当与孩子的实际能力相挂钩。父母的期望太高，孩子怎么努力都无法达到要求，这样会挫伤孩子的自信心，让孩子产生不自信的感觉。

小明的父母都是名牌大学的老师，事业有成，可是儿子小明不仅学习成绩差，而且平时总是唯唯诺诺地不敢跟人交流。经过跟小明的沟通才知道，小明的父母对孩子期望很高，对孩子的成绩总是不满意。比如小明考试考了70分，他们就说他成绩太差了。等他考到80分的时候，爸爸妈妈不仅没有奖励，反而说他太不争气了，说当时他们上小学的时候总是能考多少多少分，小明跟他们比差远了。妈妈还说他们小区的另一个孩子每次考试都能考得很好，可是小明居然只有这么点分。小明有一次考试考得很好，得了全班第二，放学后高高兴兴地回到家里，本以为爸爸妈妈这下该满意了吧。可是爸爸却说："你怎么才考第二呢，为什么没有考第一？"小明觉得自己无论怎么做都无法满足父母的期望，感到自己在父母眼里一点用处都没有，产生了不想读书的念头。小明的父母对孩子的期望太高，对孩子平时作出的努力没有加以肯定，损伤了孩子的自信心。

不要总是拿自己的孩子跟其他孩子相比较。俗话说："人比人气死人。"每个孩子身上都有优点和缺点，拿孩子很一般的地方甚至说是缺点来跟其他孩子的优点相比，孩子怎么能够不在对比中相形见绌？

程壮的妈妈总是拿孩子跟班上成绩好的孩子作比较。每次小壮考试完之后，妈妈除了问他的成绩外，还要问班上考得最好的那个同学的成绩，然后用这个跟自己儿子作对比，指出孩子的差距，告诫小壮要更加努力，否则会永远落在人家的后面。小壮虽然单科成绩并不是很突出，但总成绩还是很不错的，可是在妈妈不断的对比中，他总是觉得自己什么都比不上别人，对学习越来越没有信心了。

父母在生活中应该给孩子正确的观念，用实际行动告诉孩子"你可以的"、"可能做好的"，而不是"你怎么这么笨"、"你怎么什么都学不会"。

小欣在刚开始学英语的时候，表现得非常不自信，爸爸教她拼写英语单词，她总也记不住，爸爸急了，直接骂人："你这个傻瓜，这么简单的东西你都学不会，你还能学会什么？"小欣羞愧地低下头来，在她的内心深处就有了这样的认识："我是个傻瓜，我笨，我什么都学不会。"以后小欣在学习英语的时候，困难重重，她不会像其他的孩子那样很自信地大声开口说英语，而是自己一个人缩在桌子一角，不敢参与到大家的交流中。

老师看出了小欣的异常，就去问她："小欣，你为什么不跟大家一起说英语啊？"小欣不好意思地说："我笨，学不好英语，我什么都学不会，因为爸爸说我是个傻瓜，学不好英语的。"老师心里很难过，孩子都已经有这样消极的想法了，可见受到了怎样的伤害。

英语老师积极地跟小欣的家长进行沟通，将小欣的这种心理状态分析给她的父母听，并且将父母的指责和孩子的心理问题联系到一起，让小欣的父母认识到孩子的状况。爸爸妈妈听了老师的话，才知道是自己错误的批评让孩子生活在不自信的深渊，内疚极了。

爸爸希望用实际行动改变自己对孩子造成的伤害，于是主动承担了改变女儿对英语的恐惧心理的任务。爸爸和小欣一起读英语单词，当小欣读对某个单词的时候，爸爸就说："小欣进步多了，学习能力变得比以前强了许多。"小欣突然得到了爸爸的鼓励，心里像喝了蜂蜜一样甜，主动多读了几个单词。碰到小欣读不好的单词时，爸爸不再像以前那样没有耐心，爸爸会说："这个单词有点难，让爸爸和小欣一起读吧。"爸爸就带着小欣一起读起了单词。妈妈听到小欣读英语的声音，总是不经意地说："呀，小欣最近进步很大嘛，不错，继续努力。"

由于小欣的爸爸妈妈改变了以前的教育方式，对小欣的学习给予了一定的认可，让小欣重新找到了自信，使她在英语学习上突飞猛进，整个人也变得乐观开朗起来，不再像以前那样总是一个人闷闷不乐了。

培养孩子积极健康的心态，是家庭教育的一个重要方面。一个没有自信的孩子，在未来生活中肯定是不幸福不快乐的。可是许多家长显然没有注意到这一点，他们不仅没有培养孩子的自信心，反而在教育的过程中扼杀了孩子的自信。

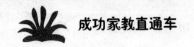

七、爸爸妈妈早上好

孩子不爱理人，碰见熟人不主动打招呼，爸爸妈妈无论怎么说都不出声，连与爷爷奶奶都不愿意打招呼；有熟人来家里拜访，孩子捧着自己的玩具玩得开心，叔叔阿姨问他问题，爱理不理；孩子大声顶撞爸爸妈妈，态度非常恶劣。

你的孩子是个懂礼貌的孩子吗？如果孩子出现了上面这些情况，作为家长可要留意自己对孩子的教育方式了。

我们希望自己的孩子懂事、懂礼貌、人见人爱，可是很少有孩子能满足父母的期望，尤其是现在，越来越多的孩子有自己的主见与想法。如果父母没有在家庭教育中为孩子的文明礼貌打好基础，孩子或许很难在其他地方学会文明礼貌，以后的生活工作必将受到影响。

教孩子每天跟自己问好，比如说每天早晨父母都要对孩子说："宝贝，早上好"，并且要求孩子也向自己问好："爸爸妈妈早上好"；晚上睡觉时对孩子说："宝贝，晚安"，并要求孩子也向自己道晚安。父母教孩子向自己问好是培养孩子文明礼貌的第一步。父母每天都跟孩子互相问好，对孩子文明用语的使用是一个很好的调和剂，它能使孩子从小就养成向人问好的习惯，而且在这个过程中还能增加家庭的和谐气氛。

教孩子讲文明懂礼貌并不是一朝一夕的事，需要父母长期的引导与关怀。

✎ 做懂礼貌的父母

我的一位朋友的孩子极其没有礼貌，喜欢对父母大声嚷嚷，如果父母没有立即满足他的要求，就开始大声哭闹。朋友下定决心要改变孩子不懂礼貌的习惯，决定从日常的小事开始做起。

当朋友的孩子想吃苹果的时候，他就冲妈妈喊："我要吃苹果，去给我削一个。"朋友假装没听见，继续干自己的活儿。孩子看到妈妈不理他，又叫了几声，但妈妈还是不理他。孩子就跑到妈妈身边说："妈妈，我跟你说话呢。""哦，宝贝，你在跟我说话吗？可是我又不知道你叫的是谁啊，你又没喊妈妈。"孩子就说："妈妈，我要吃苹果。"朋友说："你说得不对。""那我要怎么说啊？""你应该说：妈妈，我想吃苹果了，请您帮我削一个，好吗？"孩子重复了一遍朋友的话，朋友才去给他削了一个苹果。孩子伸手去接削好皮的苹果，妈妈却并不给他。孩子疑惑地看着妈妈。朋友说："你还没说谢谢呢。""哦，还得说谢谢啊？""那当然啦。别人帮你做了事，你怎么可以不说声谢谢呢？"于是朋友的孩子学会了说"请"、"谢谢"之类的文明用语。

小圆平时非常不礼貌，不仅见到熟悉的叔叔阿姨不问好，表情还十分不屑，感觉很不耐烦似的。对于小圆不礼貌的做法，老师觉得有必要对这孩子进行文明礼貌教育，于是老师特意拜访了小圆的父母。在小圆的家里，老师发现了小圆不讲文明的源头。

原来小圆的爸爸妈妈就属于那种不愿意使用礼貌用语的家长，他们对待周围的邻居十分冷淡，见到熟人并不主动去打招呼，而要等到熟人跟他们打招呼之后，他们才有所反应。等到邻居走远了，爸爸妈妈却在背后肆意批评邻居的缺点，态度很不好。小圆从小就耳濡目染父母的不礼貌行为，根本就没有文明礼貌的意识，以为不打招呼、态度恶劣地对待他人是正常现象。

老师想要就孩子不文明礼貌的行为跟小圆父母沟通的想法没有实现。因为在这样不文明不礼貌的家庭环境中，很难培养出讲文明、热情大方、见人就打招呼的孩子。

孩子是家长的一面镜子，从孩子身上往往能看到父母的影子。讲文明懂礼貌的父母，所培养的孩子不一定都懂礼貌，但不讲文明礼貌的父母，一定不能培养出懂礼貌的孩子。作为父母，如果孩子出现了不礼貌的行为，我们首先要做的应该是反思自己，想想自己是不是有些地方没有做好，才在无意中影响了孩子。

小艺的妈妈一向注意小艺的文明礼貌教育，从不在小艺面前批评任何熟人，只要在小艺面前，妈妈碰到认识的人都十分和气地打招呼。小艺在妈妈的教育下，也十分懂礼貌，很招小区叔叔阿姨的喜欢。

有一天小艺回到家后闷闷不乐，情绪很不好。妈妈问她："发生什么事了？"小艺开始不愿意说，但经妈妈反复询问，就说："我刚刚跟小明在楼下玩，小明用皮球砸我。"妈妈一看，小艺的手臂都青了，便十分愤怒，拉着小艺就去找小明的父母算账。小艺害怕极了，连声求妈妈不要去，说这只是两个好朋友之间闹着玩而已，不用那么兴师动众。但妈妈觉得咽不下这口气，硬拽着小艺去找了小明的父母，还在回来的路上对小明父母教育孩子的方式加以批评，并且从此以后见到小明的父母再也不打招呼了，对小明一家人冷漠视之。小艺感到很不开心。

从那以后，妈妈发现小艺好像不再像以前一样见到人就打招呼了，她开始表现得冷漠起来，有时候叔叔阿姨跟她打招呼，她都不吭声。妈妈对小艺的转变很不解。

父母是孩子的模仿对象，尤其是低龄的孩子还没有形成自己判断是非的能力，父母身上的东西他们往往全盘学习，好的坏的，优点缺点一股脑全部吸收过来。如果父母没有注意自己的行为，给孩子塑造了一个不好的榜样，孩子很可能会把这些缺点学习过来。

孩子懂礼貌，见人就打招呼不是一下子就能养成的习惯，父母在教育孩子使用文明用语的过程中最好不要急于求成。

✎ 没有规矩不成方圆

孩子还处于学习阶段，周围的各种行为都会给他们造成影响。如果孩子学到了坏的习惯，出现了不文明礼貌的行为，父母该怎么进行纠正？这就要求父母为孩子定下规矩，并坚定执行。

小洪的父母就为他定下了一个规矩，爸爸妈妈要求他平时见到熟悉的人就要打招呼，见到认识的小朋友也要打招呼，主动帮助需要帮助的人。如果被父母看到小洪没礼貌的行为，爸爸妈妈就要"惩罚"他。小洪最喜欢吃妈妈做的鸡翅，妈妈每周都会为他做两次。可如果小洪出现一次不文明不礼貌的行为，爸爸妈妈视其严重程度，酌情减少吃鸡翅的次数。

最开始妈妈定下这个规矩的时候，小洪还不以为然，因为妈妈那么疼爱他，自己好好求求妈妈，她怎么可能不做给自己吃呢。这天小洪跟妈妈一起到楼下散步，小洪看到小伙伴佳佳的玩具汽车，非要佳佳借给他玩，佳佳不肯，小洪就一直跟她借，最后佳佳答应给他玩一会儿，但只能玩十分钟，小洪很开心地玩起了小汽车。十分钟马上就到了，佳佳要收回汽车，可是小洪还没玩够，就是不撒手，佳佳争不过他，最后趴到地上大哭起来。妈妈看到小洪这么霸道不懂礼貌，很生气，要求小洪立刻把玩具汽车还给佳佳，并且向佳佳道歉。小洪看到妈妈生气了，不情愿地还给了佳佳，又不情愿地说了句"对不起"。小洪跟妈妈回家后，并没把这件事放在心上。第二天，小洪跟妈妈说想吃鸡翅，因为家里好几天都没吃过了，小洪馋鸡翅了。妈妈对他说："之前爸爸妈妈给你做了个要求，你还记得是什么吗？"小洪一看妈妈竟然真的要用这个规定来"惩罚"自己，自然不依，吵着闹着要吃鸡翅。可是妈妈的态度很坚定，任小洪怎么哀求，就是没有回转的余地。小洪这才意识到爸爸妈妈是认真的，只好作罢。

从此以后，小洪在待人接物上很少再出现不礼貌的行为了。他不仅不再抢小伙伴的玩具，还主动把自己的玩具借给小伙伴玩，渴望得到他们的认同，好让妈妈高兴。

没有规矩不成方圆。低龄儿童缺少分辨是非的能力，还不能分辨什么事情可以做，什么事情不能做，父母为孩子定下规矩，让孩子知道什么是可以做的，做了之后能让大人开心；什么是不能做的，做了之后会受到惩罚，孩子有了家庭规矩的约束，自然会按规矩做事。

在这个过程中，父母一定要注意的一点是，一旦孩子出现不合规矩的地方，必须要依照规矩去"惩罚"，有些家长因为太过溺爱孩子，对孩子的某些行为虽然生气，但并没有给予实质的"惩罚"，让孩子感到有空可钻。其实，孩子是最会钻空子的，一旦父母在某个问题上出现让步，孩子很容易得寸进尺地打破规矩，随自己的性子办事。许多父母抱怨孩子不懂礼貌，身上有各种缺点让父母生气。可是如果父母自己去找找原因，多数是因为孩子最开始这么做的时候，父母没有对此作出反应，让孩子觉得这样做是没有问题的。

　　所以我们的家长在疼爱孩子的时候，要注意分寸，不要把疼爱变成溺爱，不要让自己的疼爱变成孩子不礼貌行为的借口。只要父母让孩子懂得某些事情在这个家庭里是不能做的，做了之后所有人都会生气，对他自己也没有任何好处，孩子就一定能按照父母的规定来做事了。

第三章
好孩子　好习惯

在学习上，有的孩子能够做到专注认真，有的孩子却毛毛躁躁，不能集中注意力。有的孩子喜欢读书，看杂志；有的孩子喜欢上网玩游戏。有的孩子一回家就写作业，有的孩子却玩到很晚才开始写。在生活中，有的孩子早睡早起，比较有自控力；有的孩子管不住自己，看电视到深夜。有的孩子坚持锻炼身体，从不暴饮暴食；有的孩子贪吃垃圾食品，健康状况堪忧。有的孩子勤俭节约，从不浪费资源；有的孩子却铺张浪费，不懂珍惜。

不同的孩子有不同的生活习惯。家庭是孩子生活习惯养成的重要环境，父母是孩子习惯形成的指挥家。让孩子养成良好的习惯，是父母义不容辞的责任。

一、书籍是智慧的源泉

书籍是人类智慧的汇集，是孩子知识的来源之一。一本好书能够让孩子终生受益，一本坏书可能让孩子的心灵蒙上阴影。让孩子跟好书结为朋友，让孩子自小体会读书的乐趣，将会促进孩子的成长。

比尔·盖茨幼年就喜欢读书。据盖茨的母亲回忆，盖茨7岁的时候，最喜欢读的是《世界图书百科全书》，他经常几个小时地连续阅读这本书，一字一句地从头读到尾。稍微长大一些，他又一头扎进富兰克林、罗斯福、拿破仑、爱迪生等人物的传记。他还喜欢读科学和商贸方面的书籍。大量的阅读使他从书中汲取了大量的精神财富，小小年纪就表现出非凡的思想。可以说，正是书籍开启了比尔·盖茨通向理性世界的大门。

作为父母，我们希望自己的孩子与书籍为友，天生喜欢看书阅读。可孩子是否能够满足父母的期望，爱上读书呢？

✎ 无功利的读书

让孩子读什么书才合适？孩子读什么书才能提升作文水平，提高成绩？一旦父母产生了这样的念头，读书就会变成一种功利性的手段。对孩子来说，功利性的读书是难以完成的任务，一旦孩子感到读书是有目的的，就会丧失读书的积极主动性。

无功利读书是按照孩子的兴趣与爱好去读书，其中没有任何目的，仅仅是为了满足孩子的求知欲。无功利读书的好处在于，由于不是为了获取必要的东西，孩子能够把自己的全部注意力投入进去，没有心理负担，感到读书是一件轻松自如的事情。

现在的中小学生在学校里读书，是为了获得知识，语文也好，英语也好，都是为了一定的目的而读。在学校里孩子已经功利了一整天，回到家，父母再去逼迫他继续功利下去，相信没有哪个孩子愿意大脑的弦一直紧绷着。在家里，父母最好培养孩子进行无功利读书。

达亚的妈妈看到班上的同学作文写得比儿子好，就去买了很多作文选给达亚看，还要求孩子写读后感。一个多月下来，作文选几乎没怎么翻过。达亚的妈妈对孩子的阅读感到很失望。

达亚之所以没有怎么读作文选，有两个原因。首先，作文选只是同龄人的作品，虽然写得好，但思想深度，看问题的能力，语言表达的技巧都没有成熟，因此不能吸引孩子的注意力。其次，达亚的妈妈明显的功利心给儿子施加了压力。妈妈让达亚读作文选的目的是让孩子提高作文成绩，孩子要带着这样的功利心去读书，必然感到不耐烦，何况读完之后，还有一篇读后感等着他呢。

小学阶段的阅读，应该是以培养孩子的兴趣为主。而兴趣最怕功利性，一旦读书被沾染上了功利的色彩，孩子的兴趣很可能全部消失。达亚就是这方面的例子，他的阅读不是建立在兴趣之上，而是提高作文成绩，所以开始的一天两天他可能愿意去读，没过多久他就烦躁了，好不容易激起的斗志，也消磨在了提高成绩的功利中。

孩子读书最好不要建立在功利的目的之上，应当让孩子进行非功利的读书。父母在孩子读书这个问题上，最好放手让孩子去读自己喜欢的东西。只要这本书的内容健康，思想健康，孩子又愿意读，家长就放心让孩子去看吧。

康康的作文是班里写得最好的，问起康康的写作秘诀，康康的妈妈说是因为他读的书多。康康的妈妈一直注意培养儿子的读书能力。从康康四五岁时开始，妈妈就给他找来了各种儿童读物，领着他一起读。妈妈每天都跟康康读好多书上的故事，康康听得如痴如醉，再也不吵闹不调皮了。等到康康认字之后，他就自己拿着书看去了。孩子不仅在这个过程中学到了很多道理，认识了不少字，还培养了浓厚的读书兴趣，为以后的阅读打下了基础。

康康上小学三年级的时候，已经能完整地阅读中长篇小说了。当老师教大家写作文的时候，康康立刻就能写出非常优秀的作文，并且由于长期的阅读训练，康康对语文课文的理解力远远高于班上的同学。康康能写出优秀的作文，就是得益于平时的阅读功底。

无功利阅读是激发孩子阅读兴趣的手段，只有掌握了这个方法，孩子才能从其中汲取营养和知识。人类智慧的绝大部分体现在书本里，书本是传递知识和智慧的载体，孩子如果没有阅读的兴趣，怎么汲取这些智慧结晶？所以我们让孩子读书，首先得激发起他们对阅读的兴趣，而无功利读书就是其中的一条途径。

✎ 全家读书

一个散发着书卷气息的人多数是从爱读书的家庭走出来的。古人有书香门第的说法，书香门第是指那些以读书为本业的大家庭。由于家族中的多数人专攻读书，孩子从小耳濡目染，变得喜欢读书，最后也把读书作为自己的目标。受到家庭氛围的影响，书香门第的孩子容易对书籍产生兴趣，古时候的状元多数是从书香门第出来的。现代社会虽然没有那么多书香门第了，但父母依然可以为孩子营造一个浓厚的读书氛围。

我小时候，比较喜欢读书，但是由于父母没有怎么读过书，家里除了我上学用的课本之外，没有任何可以看的书。幸亏离家不远处就有一个小书店，里面有各种我喜欢的书籍。现在几乎很少见没有一本书的家庭了，不过家里的书是不是适合孩子看，需要家长认真排查。如果一个家中除了香烟盒就是化妆品，要不就是太过高深的专业性强的书，估计孩子也不愿意看。最好的就是在孩子的生活空间里让他尽可能的多接触书，让书籍成为一个家庭的必需品。

读书不是孩子一个人的事，应该全家都参与进来。如果只有孩子一个人在看书，而爸爸妈妈却在看电视玩电脑，孩子看到爸爸妈妈都在玩，只有自己读书，他怎么可能读得下去？

小亮的家里虽然有很多书，但家里几乎没有读书的氛围。爸爸是个很喜欢玩游戏的人，每天回到家就对着电脑开始游戏。妈妈上了一天班，回到家还要做家务。等到所有的事情都收拾好了之后，只想在电视机跟前坐着休息。

可是爸爸妈妈却逼着小亮读书，不管他愿不愿意。小亮手里拿着书，脑子里想的却是电视节目。他经常借着喝水、上厕所的时间跑出来瞅上一眼电视，被妈妈发现又被训回房间。小亮根本就不想读书，他觉得只有他读书，爸爸妈妈都在玩，太不公平。

每个家庭都有自己的生活方式，父母在一天的工作之余想适当休息无可厚非。电脑游戏和电视机虽然给父母提供了一定的休息空间，但读书一样可以让人得到休息。父母何不将自己的休息方式改成阅读书籍？通过阅读不仅给孩子营造一个充满读书气氛的环境，还能提高自己的专业知识，扩宽自己的知识面，一举两得。

孩子生活在什么样的家庭氛围中，就会成为一个什么样的人。研究表明，在良好的阅读氛围中长大的孩子，比其他孩子的阅读水平高出很多。

小池就是在有浓厚读书氛围的家庭中长大的。小池的爸爸妈妈都是学校老师，家里堆满了各种书籍。每天下班后，爸爸妈妈除了必要的家务之外，大部分时间都在书桌前度过。小池从小就有模有样地跟着爸爸妈妈学习读书，稍微长大一点，就在妈妈的带领下开始读故事书了。等到他识字之后，就不需要爸爸妈妈的陪伴，自己读起了书。

小池家里的电视很少打开，小池几乎没有看电视的习惯，只有班上的小伙伴都在谈论哪个节目的时候，小池才会适当看看这个节目，但他发现这些节目没有书籍的吸引力大。小池经常在书桌前的身影让爸爸妈妈打心眼儿里高兴，他们戏称他是个"小教授"。

一家人在共同的时间看书，可以让孩子感受到浓郁的读书气氛。对培养孩子的读书习惯有巨大的推进作用。

✎ 书店宝贝多

周末全家都在家休息，父母想让孩子做些什么事呢？多数父母选择把孩子送到兴趣班或者提高班继续学习。可是你有没有想过孩子已经上了一个星期的课了，大人在连续工作一周之后尚且感觉疲倦，何况是孩子？

小杏的爸爸妈妈都是知识分子，平时非常喜欢读书，在爸爸妈妈的影响下，小杏也喜欢读书。每个周末，爸爸妈妈带着她逛市区里大大小小的书店，让小杏培养了浓厚的读书兴趣。在她看来，逛书店和读书就是一种享受。

小杏往往在父母逛书店的时候，自己挑选一本喜欢的漫画书趴在书店的桌子上看完。等到时间差不多了，再去挑几本喜欢的书带回家看。爸爸还经常为她推荐各种书，许多世界名著就是在爸爸的推荐下她才去看的。

有一次，在逛书店的时候，小杏看到一个跟自己年纪差不多的小姑娘挑了几本故事书和童话书。没想到孩子的妈妈一把夺过故事书，气得不行："你就知道看这些书，看这么多闲书有什么用？你作文不照样写得一塌糊涂吗？去挑几本作文书，看看人家是怎么写的，你也好学学。"女孩只好很无奈地拿了几本作文书，跟着妈妈走了。小杏觉得自己是那么地幸福，爸爸妈妈从来不干涉她看什么书，只要是她喜欢的，爸爸妈妈又觉得内容可以看的，都允许她看。她觉得提高作文成绩根本就不用读作文书，她从来没读过作文书，作文一样写得很好。

小杏在逛书店的时候，总会产生自己的知识是那么贫乏的感受。书店那么多书，自己能看到的只有很少一部分，只有更加努力的看书才能弥补不足。

　　逛书店是激发孩子读书兴趣的好办法。孩子进入书店，就像进入了知识的海洋。在这个环境中，孩子怎么能不被书籍和阅读吸引？有人说：书店就是一个"气场"，孩子去的次数多了，也就产生了"场效应"，这就是所谓的"常在书店逛，哪有不沾书香"的说法。周末多带孩子去逛逛书店，让孩子培养阅读习惯，加强和巩固看书的习惯，不是比在周末送孩子去什么作文提高班要好得多吗？

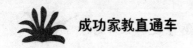
二、勤俭节约是美德

过完春节，孩子经常在一起攀比，比谁的压岁钱多；女生们聚在一起比谁的衣服鞋子漂亮；男生们聚在一起比谁的玩具多；还没用完的本子和只用了一半的笔被随手丢在垃圾桶里；吃饭的时候，剩下很多饭菜；过生日非要请班里的同学来开生日宴会。

现在的家庭生活条件普遍好了，家长们愿意尽量在物质上满足孩子的需要。爷爷奶奶、爸爸妈妈溺爱孩子，迁就孩子，只要是孩子想要的，家长都要千方百计地满足。孩子生活在父母为自己提供的富足环境中，对勤俭节约认识明显不够。

有这么一个民间传说：一位老人去世时，除了一块写着"勤俭"的匾外什么都没有留下。两个儿子在分家的时候，把这块匾从中间锯开，哥哥要了"勤"，弟弟要了"俭"。哥哥领悟了"勤"的道理，每日辛勤劳作，但不知节约过日子，辛勤许久依旧两手空空。弟弟则领悟了"俭"的道理，每日里省吃俭用，却不知勤劳耕作，结果坐吃山空。后来兄弟二人经过仔细琢磨，就把匾合在了一起，既勤劳耕作，又知道节俭度日，终于创造了丰厚的财富，过上了幸福的生活。

勤俭节约是中华民族的传统美德，也是每个家庭的传家之宝。无论哪个家庭都需要勤俭节约的过日子，铺张浪费的行为应该受到批评。在家庭教育中，父母应当让孩子从小养成勤俭节约的好习惯。

✎ 有水平的"攀比"

孩子之间相互"攀比"，是虚荣心在作怪。有一位家长抱怨自己的儿子贪慕虚荣，成天跟同学比富裕。身上非名牌不穿，物品非名牌不用。刚刚才买不久的手机觉得不"洋气"，非要换一部三四千的。每周的零用钱用来请同学吃"大餐"，不够用，就嚷着让父母增加他的零用钱。

孩子有点攀比心是正常现象，说明孩子想往好处走。但上面家长的儿子做得过头了，我们可以将之定性为"盲目攀比"。"盲目攀比"的危害很大，长久下去会腐蚀孩子的内心，扭曲孩子的正常人格。

父母对于孩子的"攀比心"、"虚荣心"要适当引导，让这些心理成为孩子成长的动力，而不是不管不问或者武断制止。不管不问只会让孩子沿着错误的方向继续前行，最终不可收拾；武断制止的结果可能是孩子因为害怕批评，变得谨小慎微，或者孩子脾气倔，越批评越往相反的道路上走。正确做法应当是父母利用孩子的攀比心，引导孩子进行"高水平的攀比"。

小萌最近常向父母提出增加零用钱、买新衣服的要求。经过一段时间的观察，妈妈发现小萌之所以提出这个要求是受到身边同学的影响。小萌有几个同学家里的条件不错，父母对孩子溺爱有加，对孩子提出的各种物质方面的要求不加拒绝。这些孩子穿着名牌、吃着"大餐"，在同学间造成了不好的影响。小萌看到他们的生活状态，慢慢地增长了虚荣心，所以提出了上面的要求。

妈妈说："你要那么多零用钱有什么用？"小萌说："同学们放学之后经常要在外面逛逛，碰到喜欢的东西就想买下来，她们买了会嘲笑我什么都不买的。"

妈妈问她："你觉得那些东西是你十分需要、非买不可的吗？我记得你去年买了一个发卡，只戴了一次，以后就再也没用过；上个月你买了个手链，也是戴了没几天就随手丢在一旁了。你说说看什么东西是你非买不可的，如果真的是必须要的，妈妈一定帮你买回来。"小萌说："也不是非要买不成。但同学都买，我不买，我觉得她们会嘲笑我小气。"

妈妈严肃地说："你是大方还是小气，不是同学说了算的。你不买一个不需要的东西，只能证明你的自制力强，没有那么多的虚荣心。而你买了不需要的东西，才恰恰说明你贪慕虚荣，盲目和同学比物质享受。"小萌听妈妈说得那么严重，有点不乐意："同学们都那么做的，买一个小东西不能说明什么的，妈妈您不要拔高到人品上去。"

妈妈说："不是所有人都这么做的吧，你们班里的小乐，她也每天跟着大家随便乱逛吗？她好像一放学就到附近的公园里去读英语吧。"小萌嘟着嘴不说话了。

妈妈说："你经常和同学们一起玩，是在乎同学间的友谊。同学们愿意跟你玩，说明你的人际交往能力强。妈妈看到你能和同学打成一片感觉很欣慰。但是你要选择适合自己的朋友，你不乱买东西就嘲笑你的人不是朋友，你要随便乱买东西劝你不买的才是为你考虑的朋友。明天刚好是周末，咱们去做点高水平的事，让你的同学对你刮目相看怎么样？"小萌不明白"高水平的事"是什么，但通过妈妈的话，她决定不再要求妈妈增加她的零用钱了。

第二天一早妈妈就把小萌叫了起来，妈妈开车载着小萌到了一个很陌生的地方，下车后小萌抬头一看，原来是"老年服务中心"。妈妈领着小萌进到里面，很多的爷爷奶奶在里面喝茶、下棋、休息。

这天小萌为"老年服务中心"的爷爷奶奶们端茶倒水，帮助行动不便的老人拿东西，还和一位奶奶做凉拌黄瓜。小萌小小的身影忙碌在"老年服务中心"，大家纷纷夸她懂事，这个给她一颗糖，那个给她一个漂亮的头花。中午休息的时候，小萌吃着奶奶和她亲手做的凉拌黄瓜，心里甜甜的。虽然今天干了活，有点累，但内心别提多高兴了。

晚上回家的路上，小萌问妈妈："妈妈，咱们下周还来吗？我想下周还过来陪爷爷奶奶说话。他们平时太寂寞了。"妈妈很高兴："当然可以来啊，小萌知道关心老人了，小萌长大了呢。"

从那以后，小萌每周都要去"老年服务中心"为爷爷奶奶帮忙，内心感到既高兴又充实，听到他们对自己的夸奖，比买了十个发卡还要开心。小萌的同学知道了小萌正在做的事情，也纷纷效仿起来，大家都忙着比为社会献爱心了，在物质上的攀比渐渐淡了。

攀比之心体现了孩子要强的本性，如果能正确引导，会促进孩子的成长。我们的孩子都有颗成长进步之心，告诉他们正确的做法，孩子会加以改正的。

如果孩子已经到了"盲目攀比"的地步，事情有点棘手，但并不是不能纠正。父母需要多下功夫。

让孩子开张清单，将自己每周需要用钱的地方全部列出来，只给必要的零用钱，其他超出的部分，让孩子自己想办法。孩子要求增加零用钱，是攀比之心作怪，列出自己的开销，他会从中思考，哪些地方必须用钱，哪些地方不是那么急着用钱。

我建议父母给孩子讲讲《小狗钱钱》的故事，有条件的最好把这本书买给孩子，让孩子从小培养金钱和理财方面的意识。

《小狗钱钱》讲述了一只白色的拉布拉多犬帮助小女孩吉娅增长理财知识，建立理财意识和能力，最终帮助吉娅实现愿望的故事。在这个故事里，金钱是孩子实现愿望的手段，理财是通往成功的方式，它可以帮助孩子确立正确的金钱观念，让孩子将攀比之心收起，用成熟理智的方式为自己以后的生活做打算。

我个人觉得《小狗钱钱》适合各个年龄段的孩子，只要他们读了这本书，父母又在旁边加以正确引导，孩子一般会形成正确的观念，改变以前盲目攀比的行为。

✎ 一粥一饭中的智慧

有一首妇孺皆知的《悯农诗》："锄禾日当午，汗滴禾下土。谁知盘中餐，粒粒皆辛苦。"勤俭节约是中华民族几千年来的传统美德，影响着所有中国人的行为。

生活在父母庇护中的孩子并不明白，一粥一饭都得来不易，铺张浪费是可耻的。作为父母我们要让孩子自己体会任何东西都来之不易的道理。

小若今年 8 岁了，她一点都不知道珍惜粮食，每次吃饭都要剩下很多。爸爸批评她浪费，她却说："你们每次都给我盛那么多，我又吃不完。"爸爸就让她自己去盛饭，可她把米饭撒的到处都是，害的妈妈连忙过来收拾。小若不知珍惜粮食让爸爸妈妈十分烦恼。

这天，小若一如既往地剩下很多饭。爸爸说："你太浪费了，这么多饭菜要多少钱才能买回来，你现在年纪小不会挣钱，哪里知道挣钱辛苦啊。"小若很轻松地说："挣钱哪儿有那么难啊，你和妈妈不都是轻松地挣钱养家了吗？"爸爸听到小若这么说，觉得这是一个让小若知道挣钱辛苦的机会，就告诉她有一个可以挣钱的地方，她吃了爸爸妈妈这么多年的饭了，应该用自己挣的钱供爸爸妈妈吃一天饭。小若不假思索地同意了。

于是爸爸领着小若到报社去领报纸，让她一大早就出去卖报纸。卖报纸需要早起，所以当小若还睡得糊里糊涂的时候，爸爸就把她从被窝里拉了出来："工作要迟到了，还不起床！"小若只好迷迷糊糊地起床洗漱了。当她抱着一沓报纸出现在街头的时候，刚好赶上上班大军。小若小小的身子在人群里面，不停地拦着路人卖报纸。可是大家都赶着上班，几乎没几个人理她。一个早上，小若只卖掉了一份报纸，她觉得很沮丧。但小若不是一个容易放弃的人，再接再厉接着卖。上午太阳很大，小若在太阳下面，见到过来的人就喊"卖报卖报"，不仅脸上被晒得红彤彤的，嗓子也要冒火了。她真想回家，待在有空调的家里，不再出来。但想到爸爸肯定会嘲笑她的，小若喝了口水，继续卖报纸。

一天结束了，小若只卖出了不到30份报纸，根本没挣到什么钱，哪里够给爸爸妈妈吃一天的饭？小若很沮丧地回到了家，爸爸妈妈早就做好饭等着她了。爸爸说："今天小若挣了20块钱，她要供养咱们一天，明天咱们就用这些钱来吃饭。"于是第二天，妈妈就用这20块钱买菜做饭了。这次吃饭的时候，小若再也不浪费了，她想起自己在太阳下汗流浃背的狼狈相，深知挣钱的不易。小若看到爸爸吃饭掉下一粒米饭出来，气急败坏地说："爸爸，这是我辛辛苦苦挣来的，你怎么这么不知道珍惜？"爸爸乐了："原来小若也知道要珍惜粮食啊！"小若不好意思地低下了头，暗下决心，以后再也不浪费粮食了。

孩子自小衣来伸手饭来张口，不知道父母挣钱辛苦。有的父母见到孩子浪费粮食也不加以教训阻拦，无疑助长了孩子浪费的心理。让孩子体验一天的劳动生活，让他自己去挣取一天的生活费，孩子才能明白一粥一饭得来的不容易，才会懂得珍惜劳动成果。

三、我爱动脑筋

"妈妈，这个题的答案是什么？""妈妈，这个东西我不会弄，你帮我装上去。""妈妈，我不知道，你告诉我。"

孩子不愿意动脑筋，做什么事情都想依靠父母，长久以往，会造成思维僵化，不愿意自己解决问题。让孩子自己去寻求问题的答案，让孩子变得爱动脑筋，是家庭教育中的一道难题，也是必须做的一道题。

✎ 为什么和是什么

孩子小时候天生喜欢动脑筋想问题，他们的脑海里充满了神奇的想法，喜欢一探究竟。可是后来有些孩子依旧保留着这个能力，有些孩子却变得不爱思考，凡事依靠父母了。如果孩子不愿意思考问题，那父母可要注意自己的家庭教育方式了。反思一下，你是不是经常打断孩子思考问题的思路，打击孩子思考的自信，是不是经常对孩子说："想那个干什么？没有用。"是不是孩子只要一向你提问题，就不假思索地告诉他答案？

孩子有思考问题的欲望，但孩子也有偷懒的想法，父母不注意引导他去思考问题，而是凡事都替他想好，他就会产生依赖感，不再动脑筋。

小威只要一碰到不会的数学题就问爸爸，爸爸嫌他烦，没工夫引导他认真思考，为了打发他赶紧到一边去，总是脱口而出地说出答案。结果小威的数学成绩总也提不上去，一遇到不会的题，下意识地搁到一边，拿起玩具就玩去了。

小威的问题如果追根溯源的话还得要从小威的父母身上找原因。如果爸爸在小威问问题的时候，放下手中的活，引导他进行思考，引导他自己解决问题，小威思考问题的能力就不会退化，什么事都想要依靠父母。凡事让孩子自己去体会，比直接告诉答案要好得多。

引导孩子思考一件事物为何会变成目前的状况，让孩子回答一些简单的问题，是培养孩子动脑思考的一个途径。父母要经常问问孩子"为什么"，促使孩子动脑思考问题。

小汤在家里的时候，妈妈总是问他一些问题，比如："小汤，快看，这个是什么。"小汤伸头一看，不屑地说："爸爸告诉过我，那是个镊子。"妈妈问："你知道镊子是干什么用吗？""不知道。""你好好想想，镊子两个脚尖尖的，细细的，有些东西也么细小，是不是可以用镊子拿？"

小汤点了点头，他自己拿着镊子到一边去了。妈妈看到他拿着镊子，一会儿夹青菜叶子，一会儿去戳废旧的报纸，一会儿又去推他的玩具车。小汤跑过来对妈妈说："我知道镊子有什么作用了，它可以夹东西，也可以把纸戳个洞。"妈妈问他："在纸上戳洞？你为什么要这样做呢？""这样我就能透过报纸看东西啦！"

小秋最开始也是一个不愿意动脑筋的孩子，老师给他布置作业，他不会做就开始哭，即使是最简单的题也不愿意动脑筋做，作业写得马马虎虎。一碰到思考题，连题目都不肯往下读了。每天只喜欢看电视，哪个台有哪个节目他记得清清楚楚。

为了改变小秋不爱动脑筋的坏毛病，妈妈专门腾出时间来和小秋一起玩游戏。小秋想看电视，妈妈就带他出去踢球。男孩子还是喜欢踢球的，于是就跟着妈妈出去了，妈妈故意说自己不知道踢球的规则，小秋就跟妈妈讲解，其实他也不是十分清楚，妈妈就按照小秋说的踢了一会儿，然后说别人不是这么踢的，好像规则不对。小秋为了让妈妈相信自己说的是对的，就跑去查资料。

经过一段时间的训练，小秋的自主思维能力得到了提高。在做作业的时候，再也不会为不会做一道题而哭泣，因为他懂得了思考。由于每天妈妈都要跟他做游戏，小秋看电视的时间减少了，思考问题的机会变多了，人看起来，跟以前大不相同了。

父母经常在生活中用各种东西来吸引孩子的注意力，并引导他去思考"为什么"和"是什么"，对孩子智力及思考问题能力的增长有关键性的影响。

✎ "没头脑"真可怕

点点有时候有点小迷糊，又不太乐意动脑筋思考问题，妈妈怎么说她都不改。妈妈有一次跟点点讲了一个故事：

有一个小孩，十二岁了，叫没头脑。他名字叫没头脑，人可有头有脑。大家叫他没头脑，是因为他记什么都打个折扣，缺点零头。

没头脑常到邻居家串门，玩了半天，走了，邻居把门刚给关上，嘭嘭嘭，外面敲门了。原来是没头脑把书包给落下啦。他找到书包，走了，邻居把门刚给关上，嘭嘭嘭，外面又敲门了。开门一看，还是没头脑。"对不起，我帽子给忘了。"他找到帽子，走了，邻居把门刚给关上，嘭嘭嘭，外面又敲门了。这回邻居开门也不看是谁，就把一副手套递出去："没头脑，你的，拿去！"结果邻居进屋里一看，那不是没头脑的书包吗？多半他回来找帽子，又把它给丢下了。

没头脑十二岁生日那天，邻居捧了大大一包东西上他家。没头脑打开一看："哎，叔叔，您怎么给我那么多东西呀？妈，你看，叔叔送我铅笔、本子——连名字都给我写上了——皮球、手套、手绢、《罗文应的故事》……叔叔，这顶帽子我可戴不下了……"没头脑一面翻一面嚷，他妈妈就说："那你还不快谢谢。"邻居笑着说说："不用谢了，都是他自己的。"他妈妈听了不由得直叹气："瞧你这个没头脑，大起来可怎么做大事情啊，唉，大起来怎么得了！"

没头脑就是这么个没头脑。有一天晚上，他家"戒严"了。怎么啦？没头脑做功课，练习本怎么也找不着。桌子的一个大抽屉、四个小抽屉都给拉了出来，里面的东西倒得到处都是。弟弟妹妹一看不妙，马上蹑手蹑脚躲到屋子外面。四岁的小胖子站在屋子门口，看见有人来就摆手，叫他不要出声响。弟弟妹妹都知道，哥哥一找不着东西，准得拿他们出气："我的本子，八成你们给拿走了！""你们吵个没完，我头都给闹昏了，本子也不知搁哪儿去了！""走开走开，别碍手碍脚的！"一下子，桌子上、床上、地上都是翻出来的东西，大前天没找到的橡皮，翻出来了。前天没找到的毛笔，翻出来了。昨天没找到的笔盒，翻出来了。今天早晨没找到的算盘，翻出来了。就没找到现在等着用的练习本。没头脑这份累呀！他在椅子上坐下来，咦，屁股下是什么呀？他一摸，屁股口袋里正是练习本！没头脑松了口气，就想做功课。可是课本呢？它刚才还在桌子上，这会儿满桌子都是书，往哪儿去找哇？没头脑一下子泄了气，看着乱七八糟的屋子直发呆。正在这时候，妈妈回来了。"妈妈！"弟弟妹妹像大阴天看见了太阳，欢天喜地地扑过去。妈妈走进屋子一看："唉，没头脑，又是这样！也不知哪天我回来能看到屋子里整整齐齐的！"妈妈一面收拾东西，一面直唠叨，"瞧你这个没头脑，大起来怎么做大事情啊，唉，大起来怎么得了！"……

点点听着没头脑的故事，直发笑："没头脑"太笨啦！妈妈就问她："没头脑哪里笨了？"点点说："他到别人家玩，总是落东西。把家里搞得一团糟，结果什么东西都找不到。"妈妈说："他到别人家玩忘记带东西，你还不一样老把作业本落在教室里？他把房子弄得一团糟，你自己看看你的房间的桌子还不是一样。没头脑跟你这么聪明的孩子做的事情都一样的，没头脑哪里笨啦？"点点不好意思了："那我以后一定凡事带着脑子，不跟他一样。"

孩子还处于成长期，很多事情当下没有弄明白，父母回头一说，他准能明白过来。所以对孩子不爱动脑筋的习惯进行及时纠正，是父母培养孩子动脑习惯的一个很好的出发点。父母不妨多给孩子讲讲跟他们自己行为类似的故事，让孩子自己去体会不爱动脑筋的坏处，这样比父母在背后批评他更能使他反省。

点点听了妈妈的故事，开始注意动脑子思考一些问题。比如，她经常落东西，不仅让妈妈不高兴，也给自己带来了一些麻烦。点点开始思考怎样才能改掉落东西的毛病。有一天她跟妈妈说，她知道怎么改掉落东西的坏毛病了。点点出门随身携带一个小本子和一只小铅笔，身上带了什么东西，她都要记在小本子上，回来的时候再照着本子逐条检查，这样就能避免落东西。点点有时候也像没头脑那样把自己的小房间弄得乱七八糟，妈妈说过她很多次，她就是懒，不愿意收拾。现在居然也能自己动手整理了。点点说："没头脑太可怕了，我要做有头脑的孩子。"

"没头脑"的孩子不注意生活中的细节，平时不爱动脑筋想问题，遇到大事可能会手忙脚乱出岔子。所以在家庭教育中，我们要注意培养"有头脑"的孩子。

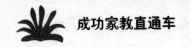

四、每天都有"计划单"

你的孩子是做事井井有条的人吗？他是不是经常磨蹭、拖沓，经常出现一件事还没办好就去做另外一件事的情况？你的孩子是否做事散漫，态度不认真？

孩子缺乏自我控制的能力，还没有形成良好的生活习惯，容易没计划，散漫行事。有位家长对孩子散漫的行为抱怨不已："做事总是丢三落四，放学回家，一会儿说要和同伴一起玩，一会儿又想看电视，一会儿说要写作业，还缠着爸爸给他讲故事，看着忙得不可开交，其实什么事都没做成。到晚上快要睡觉了，一问作业写了多少，结果还有一大截没做呢。"

家庭教育是孩子良好自控能力形成的关键，父母对孩子有计划行事能力的培养是家庭教育的另一个目标。

✎ 有计划的生活

福井谦一上学的时候，化学成绩很不好，每次考试都不及格。为此他感到很苦恼，曾一度打算放弃学业。在父亲的鼓励下，他制订了学习计划，从头开始，一点一滴地提高成绩，从不及格到及格，从落后到前几名，成绩一直扶摇直上。1981 年，他获得了诺贝尔化学奖。

竺可桢上中学的时候身体素质很差，连走路都会气喘吁吁，爬个楼梯千难万难。为了增强体魄，他制订了详细的锻炼计划，并亲手写了"言必信，行必果"的格言时刻提醒自己注意按照计划行事。从此以后，他日日早起锻炼，风雨无阻，从不间断。从那以后他的身体健康状态得到加强，再也没有因为生病而请病假。

著名的作家张海迪5岁的时候就残疾了。小海迪很想去上学，但由于她的健康状况，不能到学校。小海迪就在爸爸妈妈的帮助下开始读书。爸爸妈妈每天还要上班，只能利用下班的时间来教她。有一次张海迪觉得身上很疼痛，学了一天了，也很疲倦，连作业也无法完成。她就对妈妈说："妈妈，这些作业明天再做行吗？我实在非常累了，今天不想做了。"妈妈郑重其事地说："今天的事，不能拖到明天。明天还有明天的事情。"听了妈妈的话，小海迪明白了，虽然她腿脚不方便，但她要像学校里其他的孩子那样按时完成作业，而且必须比他们更加努力才能弥补身体的缺陷。为此她给自己订立了一个学习计划，计划里的东西必须执行，如果有的在睡觉之前没有完成，就不睡觉，直到写完为止。通过长期坚持和不懈的努力，张海迪终于把小学、中学的全部课程学完了，还自学了英语、日语和德语，并且攻读了大学本科和研究生课程。

相比一般将所有事堆在一起完成的人来说，有计划的人更容易获得成功。培养有计划的孩子，让孩子的未来充满计划，是父母给孩子的珍贵礼物。

✎ 全家都有"计划书"

孩子的一切行为中都有父母的影子，孩子每一个没计划行动的背后都反映了父母的做法。想要孩子有计划，父母必须是按计划办事的人。有计划应当是全家共同的修行。

周末可可打算去动物园玩，他提前征求妈妈的意见。妈妈说："可以去玩，但你准备什么时间写作业，打算跟谁去，去哪个地方的动物园，怎么过去？这些你都有计划吗？"可可说："到时候再说吧，爸爸妈妈做什么事也没个计划啊。"爸爸妈妈反省了自己，规定无论谁要做任何事之前都要有个计划书。

爸爸的计划书做得最详细，他每天晚上都要花点时间做计划。他的计划书一般是这样的：起床穿的衣服、用餐时间、和客户谈判的计划（单独另列）、回家之后看的书、帮忙干家务活的种类等。

可可一家开始过"有计划"的生活了。每当可可懒惰不愿意执行的时候，爸爸妈妈就鼓励他："大家都有计划书，严格按照计划去实行，要是你没完成计划，还怎么好意思面对爸爸妈妈？"于是可可就按照计划去办事了。

计划书最好是全家一起执行，孩子看到父母的行为，自然会想到规范自己的行为。为了培养有计划的孩子，家长也来做有计划的家长，通过一段时间的努力，孩子肯定会改正不好的习惯。

✎ 当计划变成习惯

计划在刚刚开始的时候并不好执行，因为我们把它当成了任务来完成，所以困难重重。但当我们反复实行，一遍一遍地重复它的时候，计划就不再是任务，而变成了我们的习惯，变成我们真正拥有的品质。

小悦上小学的时候，学校要求小朋友都要戴红领巾。学校规定一个学期超过三次以上忘戴红领巾就要取消班级评优的机会，所以班主任非常重视检查孩子们佩戴红领巾的情况。如果被他发现谁忘记戴了，就处罚谁打扫卫生一周。小悦老是忘记戴，每次都给爸爸妈妈打电话让他们给送过去。爸爸妈妈还有自己的工作要忙，每次都因为红领巾弄得耽误上班。爸爸妈妈看到小悦在红领巾问题上就是不知悔改，决定要好好改变她这个毛病。这天爸爸又接到小悦的电话，让他送红领巾到学校去。爸爸告诉她："爸爸妈妈这几天手里的工作很忙，走不开，不能给你送红领巾了。你要自己注意检查东西都带齐了没有。"小悦在电话那头很着急，表示这是最后一次，绝不会有下次，可是爸爸一直说手里的工作走不开，没办法去。最后小悦被老师狠狠地批评了一顿，并打扫了一周的卫生。这件事让小悦对自己爱落东西的坏毛病有了深刻认识，她每天早晨出门前都要检查一下书包里的物品，生怕又忘了带什么东西，再也没有麻烦过爸爸妈妈。

小悦的这个行为一直持续着，后来每次出门前都要下意识地检查包包，她从来没有丢过雨伞，也从来没有落过练习本在教室。妈妈后来问她为什么一直坚持这样做。小悦说："最开始是因为被老师批评觉得很尴尬，就下决心每天检查书包，虽然感觉很麻烦，但为了不再受批评，就督促自己一定去做。可是坚持了一两个月之后，就不觉得是麻烦了，反而不检查书包就不习惯，检查书包变成了习惯。"

据研究，任何行为只要不断重复，就会变成习惯。比如在吃饭的时候，大多数人是右手拿筷子，用左手就会不习惯，这是因为人们从小养成的习惯是用右手拿筷子。用左手拿筷子感觉不舒服，是因为要改变一个习惯刚开始的时候是不舒服的。可是如果我们坚持每天都用左手拿筷子，当坚持一个月之后，用左手拿筷子应该也变成一种习惯了吧。

孩子"有计划"习惯的培养也当坚持每天做。我们今天让孩子去收拾房间，保持卫生的整齐，并告诉他干净有利于健康。到了第二天，孩子一如既往地把房子弄乱了，可我们并没有提醒他们去收拾，孩子就不会养成收拾房间的习惯。如果我们今天让孩子去收拾房间，明天还让他去收拾，第三天还让他去收拾，一直坚持上一两个月，不用我们提醒，孩子自己就把房间收拾好了。这就是孩子习惯养成的过程。

让计划成为习惯，成为孩子身上根深蒂固的好品质，这样，孩子在以后的人生道路中就会不自觉地摆脱不良习惯，向好的方向发展。

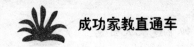

五、生活无小事

生活中的事，你说它重要它就是重要的，它在多年以后还能继续影响孩子的成长；你说它不重要它确实微小不起眼，不过是平平凡凡的小事，谁都在做，每天都要做。可是作为父母我们一定要记住，对于孩子来说生活无小事。

孩子的培养是在一点一滴的小事中进行的，孩子身上每一件看起来微不足道的小事，不同的父母处理方法不同，就会产生不同的结果。所以提醒家长注意：从生活小事中培养孩子。

✎ 不做懒惰的小孩

懒惰在心理学上讲就是一种厌倦情绪。懒惰的表现形式多样。生气、羞怯、嫉妒、嫌恶等都会引起懒惰的感觉，懒惰的感觉使人不能按照自己的愿望生活。懒惰现在被定义为：不思进取、好逸恶劳、缺乏责任心和时间观念的现象。孩子一旦产生懒惰情绪，就不愿意完成自己本该完成的任务，不能健康积极地面对生活。

我们的家长平时定义孩子懒惰的标准是：不好好完成作业，让做什么事却跑去做另外的事，只看电视而不学习，不干家务活……这些事情从某种程度上来说都是孩子对一件事产生厌倦，不愿意继续做下去所产生的情绪。

现在孩子身上出现的各种问题，几乎都能用一个"懒"字概括。比如，孩子早晨不按时起床，怎么叫都不愿意起；孩子早晨起床直接就走，不想叠被子，要等妈妈来收拾；吃完了饭，把碗一放就去看电视了，从不主动帮忙收拾。上面这些都可以用"懒"来概括。孩子本该帮助家长做些力所能及的事情，可是很多孩子根本没有做到，甚至对家务活熟视无睹。

孩子为什么那么"懒"呢？与父母的教育观念有关。许多父母觉得孩子的任务就是学习，除了学习之外的事情，能不做就不让他们做。父母只要孩子学习好，就不关心孩子其他方面的发展。孩子在家长有意识地纵容下，脑子里没有"懒惰"这样的概念，以为自己什么都不做是天经地义的事情，眼里只能看到学习，其他的都觉得与自己无关，他们过着衣来伸手、饭来张口的生活，从不觉得自己"懒"。可是事实证明，许多学习成绩非常好，平时"懒惰"的孩子在社会上稍微遇到一点挫折就放弃了，而那些具有吃苦耐劳精神的孩子，虽然在成绩上并不突出，却能够取得一定的成功。

一个孩子以后能不能取得成功，成绩只占很小的一部分，起决定因素的是他的习惯和品质，其中勤奋是很重要的方面。家庭教育中，父母注意在生活细节上培养孩子的勤劳精神，杜绝孩子产生懒惰的情绪，是保证孩子未来成功的重要条件。

让孩子分担家务活是培养勤劳孩子的好方法。

朵朵的父母从朵朵懂事起就让朵朵做些力所能及的家务活，比如扫地、擦桌子之类的活儿。朵朵上小学开始，妈妈就把家务活分工到家里每个人头上了。朵朵的任务是：每周洗三次碗；清理三次地板；自己的房间自己负责整理干净；自己换下来的衣服，只要自己能洗得了的都自己洗，洗不动的就请妈妈帮着洗；家里做饭用的青菜、酱油、醋之类的调料都是朵朵和妈妈一起去超市买回家的。朵朵习惯了做家务，从来没有觉得做家务是困难的事情，她在家务活中变得越来越勤快了。

许多父母在家里表现得太"勤快"了。他们什么事都包办了，洗衣、做饭、搞卫生等样样俱到。孩子在家长的"勤快"下，什么事都不做，久而久之，孩子没有练习做事的机会，就不愿意做事了。在很多事情上，父母最好放手让孩子自己来做，相信孩子的能力，只要给孩子做事的机会，孩子不会再朝"懒"的方向发展，他们会变得越来越勤快。

✎ 好孩子爱吃蔬菜

现在生活条件越来越好了，父母给孩子提供的物质条件也越来越高。尤其在食物上，多数父母为了让孩子多吃点，在饮食上为孩子提供他们爱吃的食物。可是孩子多数喜欢吃肉，不喜欢蔬菜，结果就造成了孩子营养失调。

蔬菜有益于身体健康，有利于孩子摄入身体所需的各种微量元素。专家发现，孩子情绪不稳定大都是偏食所引起的。不喜欢吃蔬菜的孩子情绪不稳定，牙齿长得不好。不喜欢吃蔬菜的孩子，咬合力弱，蛀牙也比一般吃蔬菜的孩子多。健康的孩子都爱吃蔬菜，蔬菜对孩子成长有不可估量的作用。不吃蔬菜成了影响健康的大问题，孩子喜欢吃肉是天性，如果不经过后天的培训，很难让孩子喜欢吃蔬菜。

小芹特别不喜欢吃蔬菜，好好的一个女孩子长得面黄肌瘦，头发又枯又黄，身体素质明显比不上同年的小婷。小芹对天气变化特别敏感，只要天一变，她立刻就感冒。邻居黄阿姨的儿子也不爱吃青菜，虽然胖乎乎的，但一遇到天气变化的情况，跟小芹一样爱生病。但张叔叔家的莉莉就不一样，她从小吃蔬菜，健健康康的，很少生病。

蔬菜提供孩子成长的必要营养，父母在家庭教育中一定要注意孩子的饮食均衡，让孩子多摄入蔬菜。

小芹不爱吃蔬菜，身体常生病，爸爸妈妈没少为她想办法。他们平时会把蔬菜剁碎了包在包子、饺子、馅饼里，这样小芹在吃这些东西的时候就吃了蔬菜进去。可是家里也不能总吃包子、饺子之类的饭啊。小芹的妈妈想到了办法，她去买菜的时候，带着小芹一起去。小芹见到菜市场那么多青翠欲滴的青菜，不禁非常喜欢。她拿着一棵长长的菠菜就是不撒手。妈妈说："小芹，这个菜好看吗？咱们今天就吃这个菜好不好？"小芹高兴地同意了。

回到家，妈妈让小芹帮忙洗菠菜，小芹洗得可认真了，每根菜叶子都洗到了。妈妈做菠菜的时候，小芹就站在一边看妈妈怎么下锅，怎么放调料，怎么盛出来。看到一盘青翠的菠菜，小芹第一次产生了想吃的念头。

让孩子通过共同购买、洗菜、装盘等行为熟悉蔬菜，从而减少孩子对蔬菜的抗拒心，是孩子吃蔬菜的第一步。

✎ 睡好午觉等于成功了一半

　　人需要充足的休息，睡午觉是长时间工作之后的调整手段。研究表明，睡午觉的人精力充沛，他们比不睡午觉的人更容易成功。睡午觉能缓解压力、提高工作效率、增强人的创造力、减少生病的概率。国外甚至有资料证明，在一些有午睡习惯的国家和地区，冠心病的发病率要比不午睡的国家低许多，这与午睡能使心血管系统舒缓，使人体紧张度降低有关。睡午觉的好处数不胜数。要培养成功的孩子，保证孩子的睡眠是非常重要的一步。

　　但现在有很多孩子却不愿意睡午觉。有一个妈妈抱怨道："我的孩子今年五岁了，中午不愿意睡觉。大中午的大人都困得不行，可他就是不睡，而且还不让大人睡。尤其是夏天，大家都应该睡个午觉，避免上火，可孩子就是不睡。到了下午四五点的时候，大家都开始工作，他却昏昏沉沉睡了。"

　　上面妈妈的抱怨估计也是大多数家长们想要抱怨的事。孩子不在规定的时间睡午觉，于是到下午开始学习的时候，困得不得了。于是许多父母开始逼迫孩子睡午觉了，他们用各种手段，哄的、骂的，甚至打的方式逼迫孩子睡午觉。对于活泼好动的孩子来说，被父母强迫着去睡午觉是一件反感的事情。孩子多数不愿意遵从，他们会用各种方法拒绝，来捍卫自己不睡午觉的权利。

　　对于孩子不睡午觉的行为，父母们愁坏了，怎么才能让孩子乖乖去睡午觉呢，这是个难题。

　　这个难题其实根本就不存在。孩子累了自然会睡，不需要父母督促，自己就会去睡觉。人困了就睡觉，这是自然规律，父母却强迫孩子做一件他们本该要去做的事情。孩子天生就有反叛的冲动，父母逼迫着去做的事情，孩子多半不会甘心实行。于是睡午觉这件本该是自然发生的事情，开始变得难以实行了。

　　小华的妈妈十分重视孩子睡午觉习惯的培养，她专门定了一个时间表，规定孩子在中午一点到三点之间必须睡午觉。为此小华家一吃完午饭，妈妈就逼迫着小华上床睡觉了。可是小华根本就睡不着，他满脑子想的都是没看完的动画片，这个时候睡觉成了痛苦的来源。于是小华家一到中午就上演妈妈逼迫着孩子睡觉，孩子打游击似的不愿意睡觉之间的战争。妈妈愤怒的训斥声，小华大哭大叫的吵闹声，闹得一家人没有一个能好好休息的。

我建议小华的妈妈不要逼迫孩子睡午觉，他自己困了自然知道睡，不需要妈妈过分逼迫。小华的妈妈听了之后，表示愿意试试。第二天小华妈妈不再逼迫小华睡觉了，他可以一直看动画片看到结束，很开心。可是动画片还没看完，他就趴在沙发上睡着了。

中午让孩子睡一会儿，是下午和晚上精力充沛的保证。上了小学中学的孩子在中午多半没有什么时间或者由于贪玩而不睡午觉。这个时候，建议父母给孩子树立一个榜样。父母在中午都去睡午觉，让孩子自己决定要不要睡。相信孩子在父母的榜样作用的影响下，也会把睡午觉当成一种习惯。

六、生命在于运动

      运动是保持身体健康的方式之一，是摆脱疾病侵袭的手段之一。身体是学习的本钱，对于正在成长的孩子来说，有一个健康的体魄比考试多考几分要重要得多。现在的孩子面临着繁重的学习任务，没有健康的身体哪里扛得住巨大的学习压力？运动是增强孩子身体健康的有效方式，让孩子在学习之余锻炼身体，家长需肩负起监督之责。

✎ 户外活动乐趣多

      多让孩子参加户外活动，让孩子自由地和小朋友们一起玩耍，是孩子锻炼身体的一种方式。可别小看户外运动，在孩子玩的时候，他其实是与小朋友进行了人际交往，孩子的交际能力在这个过程中也得到了锻炼。与此同时，孩子要与人沟通，必须使用语言，锻炼了孩子的语言表达能力。有些孩子由于不爱做户外活动，他们在与人沟通方面就比那些乐于进行户外活动的孩子弱。所以说户外活动是改善孩子不爱说话、不敢说话的有效手段。

      陶行知先生说："我们要解放小孩子的空间，让他们去接触大自然的花草、树木、青山、绿水、日月、星辰……"只有解放孩子到户外，我们才可让孩子"尊重天性、启迪灵性、诱发悟性、激发创造性"。在户外活动中，孩子培养了健康良好、积极向上的兴趣与爱好，开启了人生的智慧，自然不会再沉迷于网络和电视。据新西兰奥塔哥大学的调查显示，现今英国十四岁青少年的平均智商比二十八年前的同龄青年普遍低二分，导致智力下降的原因之一是由于从事脑力活动太少。现在的孩子除了上学，休闲活动就是玩电脑游戏，看电视、上网；阅读、交谈、户外活动已经很少了。专家认为应试教育有弊端，学校将考试作为教学标准，也是造成青少年缺乏思考的原因。为了考试，休息时间有时也可能被挤掉，更何况户外活动。

让孩子参加户外活动的意义非常大，家长最好多带孩子到户外去参加各种活动。

小则是爷爷家里唯一的男孩子，所以全家人都当宝贝供着，走到哪儿都有大人跟着。三四岁的孩子正是淘气、爱活动的时候，可爷爷奶奶、爸爸妈妈总看着他寸步不离。跑跳容易出汗，别累着；踢球容易伤胳膊伤腿，别出意外；滑梯、攀登架容易摔着，太危险不能玩。于是，小则只能在家人的羽翼下，做点运动量小的活动。

小东跟小伙伴在户外玩耍的时候曾摔了一跤，把牙磕掉了一颗。小东的父母担心他再出现什么闪失，从此限制他出门，不再让小东参加户外活动。小东只能在电视机、电脑之前度过，长期下来，小东迷上了看电视、玩电脑游戏。可是小东的父母却还高兴他收了野性，免得闯祸。

周末，小俊跟小伙伴们约好了一起到公园里放风筝。小俊的想法让妈妈很反感，她一向主张孩子在周末应该多学点东西，上个补习班什么的。所以当小俊一提出这个要求，妈妈断然反对："不行，有玩的时间你怎么不多看看书，你的英语成绩那么差，你怎么不想着多花点时间在英语上？有那玩儿的时间，你都能背好多个单词了。不许去。"小俊很伤心。由于妈妈的横加阻拦，小俊没能加入伙伴们的活动中去，他很遗憾妈妈不让他出去跟朋友接触，因为妈妈觉得这样做简直是浪费时间。是啊，妈妈觉得学习的时间都不够用，哪儿还来的时间去玩呢？

小俊的妈妈显然把学习看做孩子唯一应该做的事情了，这是一种非常危险的想法。我们看到太多高分低能的学生，他们的成绩都很好，但在人际关系、语言表达、身体素质各个方面比不上有些成绩一般的孩子。这些学生无一例外是将学习成绩看做高于一切的，所以除了学习，其他的都不放在心上，最终造成了只会学习的"呆子"。可是社会却不需要这样的人，未来社会需要的是全面发展的孩子，不仅是专业能力过硬，身体素质等方面也要过硬。

让孩子参加户外活动正是培养孩子各方面能力、锻炼身体的绝佳机会，父母怎可将孩子关在家里，限制他们能力的培养？

✎ 每天散步习惯好

如果你的孩子学习非常紧张，没有太多时间去做户外活动和其他方面的锻炼，那至少让他每天在楼下散会儿步。

据研究表明，散步可以使大脑皮层的兴奋、抑制和调节过程得到改善，从而收到消除疲劳、放松、镇静、清醒头脑的效果。孩子学习压力大，经过一天紧张的学习之后，到外面散会儿步，是减轻压力、提高继续学习动力的一种有效方式。

对于孩子散步的行为，父母最好给予支持，表示出对孩子参加运动的欣慰态度并加以赞赏，让孩子以充满积极快乐的心态去散步，孩子在散步中可能收获得更多。

涛涛每天的学习压力很大，妈妈不忍心见他无论什么时候都把自己关在房间里看书，经常催促他多出去散步。涛涛不愿意浪费学习的时间，但确实很累，需要转换一下思维，就听从妈妈的建议去散步了。涛涛在散步的时候，注意活动自己肩部和背部的肌肉，让它们放松下来。涛涛通过散步，使处于紧张疲倦状态下的大脑得到了休息，使身体疲劳得到了缓解。回到家之后，涛涛发现看书学习的效率一下子提高了。涛涛从此喜欢上了散步这项活动。

小蕾是个胖姑娘，她常年不愿意运动，就爱窝在家里看电视，长时间的不运动，再加上女孩子爱吃巧克力之类的甜食，结果让自己越来越胖。妈妈看到小蕾这样下去不是办法，就从宠物店买了一只小狗给小蕾。小蕾打小就喜欢小狗，小区里的小狗她差不多都认识，她也曾要求过妈妈也养一只在家里，妈妈嫌麻烦，怎么都不愿意。现在家里来了这么一个小可爱，小蕾的注意力全被它吸引了。妈妈告诉小蕾说："小狗你可以养在家里，但是爸爸妈妈工作忙，没时间照顾它，以后你负责小狗的一日三餐，还要负责带小狗出去散步。如果你做不到，妈妈就只能把它送给别人。"小蕾表示愿意照顾小狗的饮食起居。于是小蕾每天都要带着小狗出去散步。小蕾在小狗的督促下，经常往楼下转，没过多久，就瘦了下来，身体状况也好转了。

督促孩子散步对孩子参与体育锻炼，提升身体素质有积极影响。父母经常提醒孩子散步，可让孩子养成散步的好习惯。

七、我是家庭一份子

孩子是家庭的一份子，家里的大事小事如果让孩子参与其中，不仅能锻炼孩子处理事情的能力，还可以增加家庭的和谐氛围。

✎ 我是父母的依靠

虽然孩子现在还小，凡事都需要依靠父母，但总有一天他们会长成大人，担当起家庭和社会的责任。如果不让孩子在成长过程中锻炼各方面的能力，当他们长大成人，社会家庭的重担突然落到头上，没有经过锻炼的孩子可能会措手不及。孩子在日常生活中帮父母分担家庭责任和义务是培养孩子能力的一条绝好途径，它为孩子未来的发展打下了基础。

小芳是家里的宝贝，她不喜欢做家务活，于是爸爸妈妈就由着她的性子，什么活儿都不让她做。小芳平时吃饭挑肥拣瘦，穿衣服一定要穿最合心意的，只要小芳提出什么要求，爸爸妈妈都尽量满足，小芳在父母的娇惯下长大，什么家务都不愿意做，什么都不会做，"衣来伸手、饭来张口"说的就是小芳这种孩子。

有一次爸爸妈妈有事临时出去几天，妈妈怕小芳一个人在家里吃不上饭，本想着不去了，可小芳偏偏就想一个人待在家里，不想爸爸妈妈再"烦"她，所以很不乐意妈妈留下。妈妈看到小芳态度执拗，只好把几天的生活必需品准备好，多给她留了零钱，让小芳自己学习独立生活。

最初小芳见到父母走了觉得很开心，她想干什么就干什么，不会有人烦自己、唠叨自己了。可是第二天早晨小芳上学就迟到了，因为每天早上都是妈妈把她叫醒的，现在妈妈不在家，没人叫她起床，她自己也没想到要定闹钟，结果睡过头了。学校都上第二节课了，小芳才赶到学校，老师狠狠地批评了她。中午吃饭的时候小芳又碰到麻烦了。以前都是妈妈在头天晚上就准备好盒饭，小芳带到学校吃的，可是现在小芳没有盒饭，肚子饿的咕咕直叫。小芳拿着妈妈给的钱去学校小卖部买吃的，发现买东西的学生排了好长的队，小芳不想在大太阳下面晒，只好又回到了教室。下午上课的时候，小芳饿得头晕眼花，只想快点放学回家吃饭。可是放学回到家，没有热腾腾的饭菜等着她了，小芳难过得直掉眼泪，心里祈祷着爸爸妈妈赶紧回来。

小薇的父母平时注意让她在家务活中锻炼自己，小薇从小就帮妈妈做家务，洗完、做饭、买菜等家务活小薇都在妈妈的指导下学习锻炼过。妈妈对朋友说："别看小薇还小，就算把她一个人丢在家里十几天，她也绝对具有生存能力。"

这天妈妈下楼梯的时候一不小心摔了一跤，把腰给扭伤了，不能正常活动。家里的大小事务一下子就落到了小薇身上，妈妈感到歉疚。小薇安慰妈妈说："妈妈，我也是家里的一份子，照顾您是我的责任和义务。我已经长大了，可以做些力所能及的活儿了。"由于工作的原因，爸爸到很远的地方出差了，不能经常回家，小薇就帮着爸爸照顾妈妈，让妈妈感到很欣慰。

在家庭教育中，父母要让孩子树立自己是家庭一份子，对家里的事情有权利和义务参加的意识。

树立孩子这方面的意识，父母首先要做到勇于承担家庭责任，遇到事情不抱怨不指责，将注意力放在问题的解决上。

场景一：小北的爸爸妈妈不管遇到什么事儿，只要家里出现问题需要解决，他们肯定会爆发一场战争。爸爸妈妈相互指责相互埋怨，往往是问题没得到解决，家里已经乱成了一锅粥。小北害怕家里出现问题，只要一遇到事情，躲得远远的，害怕爸爸妈妈把矛头指向自己。

场景二：小英的家里一遇到问题，爸爸妈妈就积极地想办法解决，有时候他们还会征求小英的意见。小英在长期的实践中，不怕家里出现问题，对她来说解决问题更有意义，指责和抱怨是于事无补的。

家庭遇到问题，父母应该让孩子参与其中，千万不要认为孩子小，就什么事都不让他们参与。

场景一：小莫的家里无论发生什么事儿，爸爸妈妈都不让他参与。有时候小莫在爸爸妈妈讨论的时候想提提意见，爸爸妈妈就打击他说："你懂什么？一边玩去"、"跟你有什么关系？看你的书去"。这样的事情出现得多了，小莫变得对家里的事儿漠不关心。

场景二：小琪是在一个健康开明的家庭中长大的孩子，家里大小事务她都能提提意见，发表自己的看法。由于经常参与其中，小琪看问题的能力得到锻炼，思考问题往往比一般孩子深入。小琪认为自己就是家里的一员，有义务承担家庭责任。

孩子是父母的依靠，他们稚嫩的肩膀现在虽然还不足以承担太多的责任，但只要父母在家庭教育中有意识地锻炼他们的能力，孩子必会不负父母的期望，成为一个能承担责任的人。

✎ 父母爱我 我也爱他们

家庭是一个充满爱的地方，父母爱孩子，孩子爱父母，一家人其乐融融、和和美美。然而现在，这样的家庭是令人羡慕的。总有父母抱怨说孩子不理解自己，跟自己就像仇人似的。父母恨铁不成钢，打骂、责怪孩子，孩子顶撞、埋怨父母。家里火药味儿十足。

为什么本该和乐的家会变成父母和孩子的战场？我们的父母有责任想一想，你为孩子付出的爱足够多吗？也许有父母会反驳说，我所有的精力都花在了孩子身上，省吃俭用、节衣缩食就是为了孩子过得更好之类的话。可是这些都是孩子想要的吗？我们自己算一笔账，我们为孩子做了那么多事情，有多少是孩子不想要而我们硬加到他们头上的？我们给孩子报了好几个补习班，不顾孩子的兴趣所在，剥夺孩子玩乐的时间；我们逼着孩子画画、弹钢琴，可想过要照顾到孩子的心情？我们告诉孩子，我们为了他花了自己所有的精力与金钱，希望孩子能好好努力，出人头地，我们可曾想过这样会给孩子造成多么大的压力？

我们做一切的事情，都说是为了孩子，但仔细想想，我们真的只是为了孩子能活得幸福快乐吗？大多数时候，我们做这一切是为了自己的面子。为了自己的孩子跟别的孩子相比较的时候，不让自己丢了面子；为了孩子在学校取得更好的成绩让自己长面子。孩子不需要的东西，我们硬塞给他，然后告诉他们我们做这一切都是为了他们，何其自私？

场景一：小强的妈妈总是拿小强的成绩到邻居面前炫耀。小强的画获了奖，妈妈就大肆宣扬给所有人知道，听到他们赞扬的声音，妈妈心里就像抹了蜜似的。小强很讨厌妈妈这样，他觉得妈妈之所以高兴不是因为自己取得了好成绩，而是听到了别人的恭维。比起自己的进步，妈妈更重视的是自己的面子，是别人对她的夸赞。

场景二：小美的妈妈见到小美取得好成绩很高兴，她夸奖小美的进步，表示希望她再接再厉、继续努力。妈妈从来不在人前炫耀小美的成绩，她觉得小美取得好成绩是理所当然的，不需要炫耀给别人听。小美在其中感受到了妈妈的爱。

父母爱孩子是出于本性，但是否知道如何爱孩子，能否让孩子感受到自己的爱却是一件需要学习的事情。大多数父母对孩子的爱太过功利，希望孩子能用成绩回报自己，希望孩子的成绩能够让自己脸上增光。这样的爱，对孩子来说不是爱，而是一种压力，是一种交易，长此以往，让孩子觉得凡事都是交易，孩子会失去爱人的能力。真正爱孩子的父母凡事都会替孩子考虑，决定一件事情会先和孩子商量好，不会逼着孩子做自己不喜欢的事情，让孩子感到父母的爱。

萍萍的父母知道孩子喜欢乐器，有一次他们去逛琴行，萍萍在一架古筝前面站了很久。但是萍萍知道家里的经济状况不是特别好，没有开口说想要。回到家里萍萍翻阅了很多关于古筝的书籍，都快成了古筝迷了。爸爸妈妈和萍萍商量，说只要她一直坚持学下去，可以送她去古筝班。萍萍十分痛快地答应了。学习古筝是很艰苦的，萍萍的手指经常磨破皮，但每当她想到学古筝是自己喜欢的事情，爸爸妈妈在背后支持着自己？萍萍就咬牙坚持下来了。

　　只要父母学会爱孩子，让孩子感受到父母的爱，他们会用实际行动告诉父母自己也爱他们。爱是相互的，没有感受到父母之爱的孩子，缺乏爱人的能力；在父母关心爱护下长大的孩子，对凡事都充满了爱心。